天武・持統天皇の時代

高樋しんご
Takatoi Shingo

はじめに

　本稿を起こすにあたり、その対象とする時代をおよそ7世紀半ばより8世紀初頭、すなわち645年より700年辺りまでとしたい。それはちょうど持統《じとう》天皇の生涯に重なる。

　何故にこの時代を取り上げるのかといえば、それまでの倭国が大帝国唐と交流する中で対外的に自分の国を「日本」として意識し始めたのがこの時代であり、さらには律令国家としてのヴィジョンを描きそれによって歩みを始めたのがこの時代であるからである。加えるならば、大陸・朝鮮半島との人的・物的交流もこの時代に飛躍的に増大し、種々の学問・芸術・仏教美術などの文化の芽生えはこの時期に大きく生育し、8世紀にかけて花開いていく。8世紀に入ると大宝律令・養老律令によって律令国家は完成した姿を整えるが、その骨格はその後永く日本を規定し続ける。

　以上のように概観する如く、7世紀後半に古代史の画期があったとするのは多くの先賢

りに古代国家のパースペクティヴを描いてみようとするものである。

持統天皇の夫である天武《てんむ》天皇は、舒明《じょめい》天皇と皇極《こうぎょく》天皇との間の皇子で、大海人皇子《おおしあまのみこ》と言った。天智《てんじ》天皇とは同母の兄弟であった。天武天皇の生年がはっきりしないため二人の間柄、どちらが兄であるかについて混乱がある。天智天皇＝中大兄皇子は乙巳《いっし》の変（６４５）の時に20歳であったとするのが有力であるので、推古34年（６２６）の生まれであろう。大海人皇子は中大兄の娘４人（大田皇女・菟野讃良皇女・大江皇女・新田部皇女）を妃としているので、年上であったとは考えにくく、少なくとも6～10歳は年下であったであろう。舒明紀（『日本書紀』よりの引用を「紀」と記す）においても弟としている。６歳年下として舒明４年（６３２）辺りの生まれとするのが妥当なところであろう。

大海人という皇子名は、大海人（もしくは凡海《おおしあま》）氏の乳母の下で養育されたことを示している。当時は　生まれた皇子（皇女）を壬生《みぶ》（乳生《みぶ》）と呼ぶ子代《このしろ》（天皇家の直轄民）の氏族に託して養育させた制度があった（推古15年〈６０７〉2月1日条に「壬生部《べ》を定む」とある）。凡海氏は阿曇《あづみ》氏と同族で、摂津に本拠を持ち、海上交通・交易・海産物の貢上、あるいは鍛《か》冶《じ》・冶金《やきん》・鉱山といった業に携わった氏族であった。幼少期の体験がものの見方として何かしら皇子の将来に影響を与えたものに違いない。そして幼少期に凡海氏によって養育されたことは、天武天皇が身罷《みまか》ったとき真っ先に大海麁蒲《おおしあまのあらかま》が天皇幼少の頃のことを誄《しのびごと》として奉っていることに確かめられる。

壬生の氏族名を以て皇子（皇女）の名としてはっきりそれとわかるのは実は多くはない。大化の改新の詔では「子代の民を罷《や》めよ」とあり、次の律令制の頃には既に壬生の制度は行われていなかった可能性が高い。

持統天皇は乙巳の変の年、すなわち645年に誕生し、大宝律令制定の翌年、すなわち大宝2年（702）12月に崩御した。名を菟野讃良皇女《うののさららのひめみこ》と呼ばれた。菟野も讃良も馬飼造《うまかいのみやつこ》を表わし、河内《かわち》馬飼部に属した氏族が壬生として養育したことを示している。

古代5～6世紀のこと、生駒山《いこまやま》の北、飯盛山《いいもりやま》より讃良川などの小河川が西流し河内湖に注いでいた（図1）。その湖畔に至る丘陵地（大阪府四条畷《しじょうなわて》市・寝屋川市の一部）に渡来系の伴造《とものみやつこ》河内馬飼集団が王権に属する牧場を営んでいた。

奈良井遺跡発掘調査報告書「王権を支えた馬」によれば、馬に関する祭祀の方形周溝状遺構より7頭分の馬骨、うち1頭分はほぼ完全な全体骨格が、さらには集落遺跡より蓋《ふた》

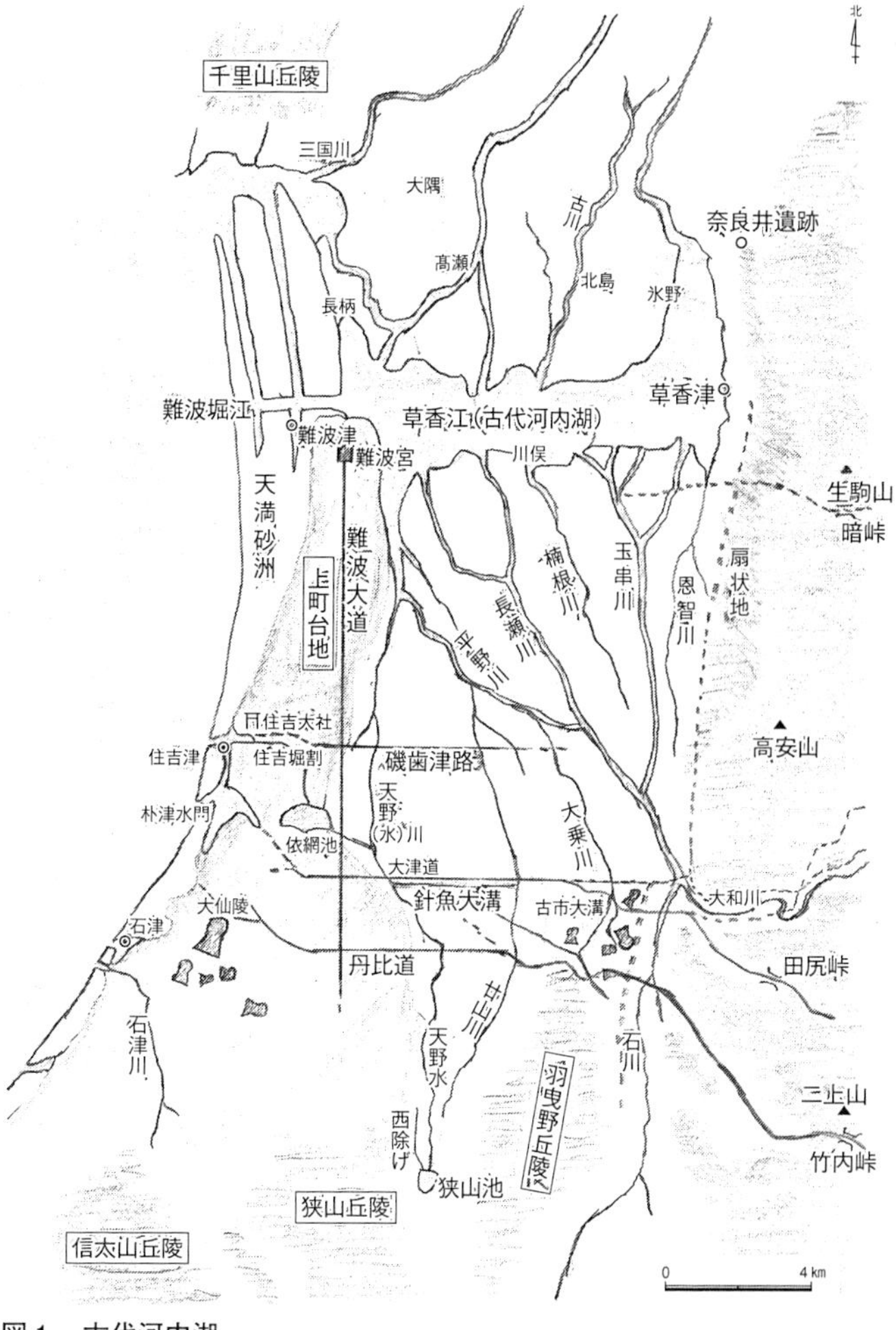

図１　古代河内湖
日下雅義『地形から見た歴史』講談社学術文庫、2012を参考に筆者作図

図２　四條畷市指定有形文化財「南山下遺跡出土　馬形埴輪」
（写真提供：四條畷市教育委員会）

杯《つき》・高坏《たかつき》などの須恵器、甑《こしき》や長胴壺などの煮炊き具、おびただしい数の製塩土器・馬具と馬の埴輪などが、数次にわたる発掘調査の結果、明らかにされている。これらは、古墳中期（5世紀）より7世紀に至るまでの間、馬が朝鮮半島より準構造船に載せられて運ばれ、瀬戸内・河内湖を経てこの丘陵に降ろされたこと、この讃良郡が馬の放牧に好条件の土地であったこと、馬と馬の飼養技術が渡来人らによってもたらされ、彼らがその後永く居住していたことを物語っている、という。

幼い菟野讃良皇女がこうした環境の中で生育した、時には体高130cmほどの小柄な蒙古馬の背に乗せられてはしゃいでいたかもしれないことを思うと感興が深いものである。騎乗することや騎馬による戦いのことも、夫・天武天皇と対等に話し合えただろうと想像するもので、書紀の「天武天皇を佐《たす》けまつりて天下《あめのした》を定めたまふ。毎《つね》に侍執《つかへまつ》る際《あひだ》に輙《すなは》ち言政治《ことまつりごと》に及びてたすけ補《おぎな》ふ所多し」という皇女についての評言も頷けるものである。

天武11年（682）4月には「男も女も皆髪を結い上げよ」と宣《のたま》い、ここに婦女も男子と同様、馬に乗ることが始まった、と書紀は記している。天武・持統朝でのこと、正月の恒例行事として百官がこぞって数日にわたって射芸を競っていたとも伝えている。二人の人となりの一端をこれらのことが示しているだろう。

菟野讃良皇女は、斉明6年（660）百済《くだら》を扶《たす》けるべく半島に出兵しようと斉明天皇・中大兄・大海人皇子らがこぞって九州に出立した頃に、大海人皇子の妃に立ち（時に皇女15歳）、662年、草壁皇子をもうけている。

672年には壬申《じんしん》の乱があり、夫と共に陣中に苦楽を過ごした。

690年、天武天皇亡きあと称制して3年を過ごし、草壁皇子を失ってのち皇位に就いた。

その間には、東アジアの外交史を見れば、百済の滅亡（660）、百済救援のための出兵、白村江《はくそんこう》の敗戦（663）、高句麗《こうくり》滅亡（668）、第2次から第7次にわたる遣唐使の派遣、朝鮮半島より日本への渡来・亡命・難民という人の流れの大きなうねりがあった。

さらに国内に目を向ければ、古人大兄皇子《ふるひとのおおえの》の殺害（645）、有間皇子の悲劇（658）、冠位二十六階の制定（664）、壬申の乱（672）、浄御原令《きよみはらりょう》の制定（689）、戸籍の作成と班田の実施、大津皇子の悲劇（686）、大宝律令の制定（701）、『古事記』『日本書紀』『風土記』の編纂といった事件や諸施策の実施があり、時代は激動の中で大きく流れを変え、律令を体制の基本に据えた古代集権国家が、この時期に形成された。

そしてこの律令体制はその後の日本を骨格の上で規定し続け、昭和20年（1945）の終戦に至るまで、形骸は実に1245年の永きにわたって影響を与え続けた。

古代にあって密接不可分であった神の祭祀と政《まつりごと》についての基本を規定したのが「令」であり、罪と罰則について明文化したものが「律」であったが、それは当然のことながら天皇制を根幹に据えていた。この天皇制による律令体制が確乎としたものとして確立されたのが、この持統天皇の生きた時代に重なる。

時代が重なるのみならず、それを主導したのが夫である天武天皇と、この持統天皇、さらに加えるならば兄である天智天皇であった、と多くの先賢は考えている。

物を書くに身の浅学非才をも省みずこの時代を対象に据えるのは大上段に構えるのに等しいけれども、古代の史《ふびと》に倣ってなるべく正しく平明な文章を期して叙述を進めてまいりたい。

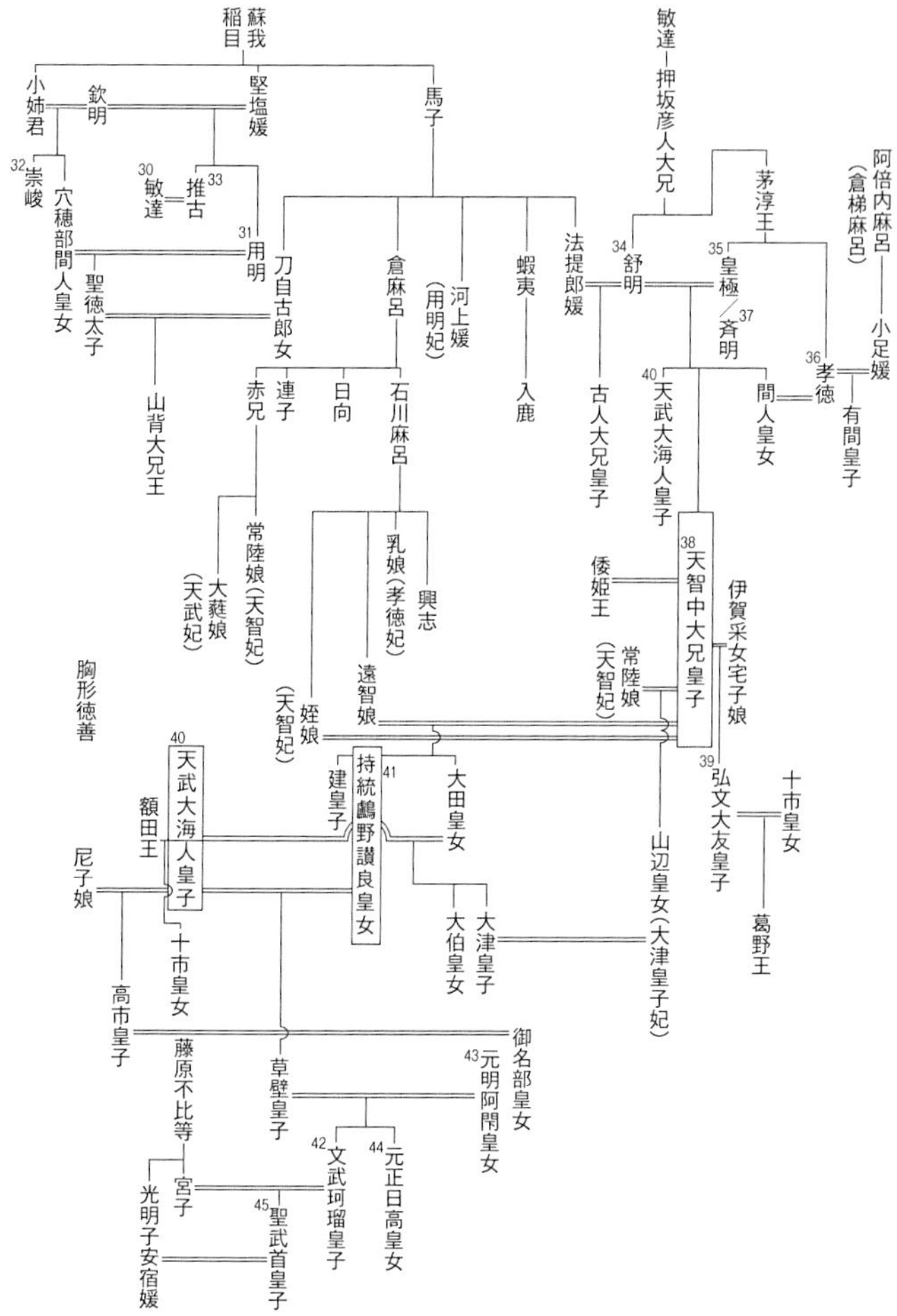

蘇我稲目
小姉君
欽明
堅塩媛
馬子
敏達
押坂彦人大兄
茅渟王
阿倍内麻呂（倉梯麻呂）
32崇峻
穴穂部間人皇女
30敏達
33推古
31用明
聖徳太子
刀自古郎女
倉麻呂
河上媛（用明妃）
蝦夷
法提郎媛
34舒明
35皇極／37斉明
小足媛
36孝徳
山背大兄王
赤兄
連子
日向
石川麻呂
入鹿
古人大兄皇子
40天武大海人皇子
間人皇女
有間皇子
常陸娘（天智妃）
大蕤娘（天武妃）
乳娘（孝徳妃）
興志
倭姫王
38天智中大兄皇子
伊賀采女宅子娘
胸形徳善
遠智娘
姪娘（天智妃）
常陸娘（天智妃）
40天武大海人皇子
額田王
尼子娘
建皇子
41持統鸕野讃良皇女
大田皇女
39弘文大友皇子
十市皇女
山辺皇女（大津皇子妃）
葛野王
十市皇女
大伯皇女
大津皇子
高市皇子
御名部皇女
藤原不比等
草壁皇子
43元明阿閇皇女
42文武珂瑠皇子
44元正日高皇女
宮子
光明子安宿媛
45聖武首皇子

図３　系図

目　次

第一章

先立つ時代
7世紀前半の東アジア情勢

大帝国「唐」と騎馬民族国家「高句麗」

589年、隋《ずい》の文帝は陳を滅ぼして統一を果たし、300年にわたった南北分裂の時代は終焉した。文帝は開皇律令《かいこうりつりょう》を統治の基礎とした中央集権国家を目指し、大運河の建設、新都の造営といった土木工事に着手した。

朝鮮半島の百済《くだら》・高句麗《こうくり》はこの強国の出現にいち早く反応し隋へ朝貢の使を送り、新羅《しらぎ》も早々にその冊封を受けた。

特に高句麗にとっては隋の出現は大きな脅威であり防備を固めたが、598年文帝は高句麗の領域侵犯を口実に30万もの兵を送りこれを攻めた。

604年、文帝が死に子の煬帝《ようだい》が帝位を嗣いだが、煬帝は奢侈《しゃし》を好み、国庫の財政を省みることなく大運河・長城の修復工事を続け、民心は離れ反乱も多く発生した。612年以降、高句麗に3度の遠征を試みことごとく失敗した。618年、煬帝は殺され隋は滅び、太原《たいげん》で挙兵した李淵《りえん》が唐を建国した。

7世紀に至るまでの東アジア情勢を理解するポイントは、一つには中国を統一した大帝国「唐」の出現であり、さらに一つは、前代より東北アジアに広大な版図を誇った騎馬民族国家「高句麗」である。そしてさらに朝鮮半島南部に、馬韓の跡を襲った「百済」、辰韓の跡に建国した「新羅」、弁韓の跡地に立てられた「加耶《かや》地方の小国群」、以上の国々と「倭国」との関係をまず理解しなければならないだろう。

騎馬民族征服王朝説

戦後間もない頃、戦前の皇国史観の呪縛が解け、考古学・民族学・古代史学の学際的な研究が盛んに進められた折、江上波夫氏によって「騎馬民族征服王朝説」が発表され一大センセーションが巻き起こされた。その考えは後に水野祐氏らにも影響を与え、古代史・天皇制を考える上で避けては通れない考えであるように思う。

この「騎馬民族征服王朝説」について私なりの理解を示すことが、この著作の基本的立場を明らかにすることになると考えるので以下に紹介したい。

かくて日本最古の史伝（記紀＝古事記と日本書紀）は天皇氏の悠久の昔よりの日本島支配を主張し、そのため幾多の潤飾を施してさえいるが、然し民族学、考古学、東洋史学の知識を以てこれを検討する時には、天皇氏を中心とした大陸北方系騎馬民族の部族連合体の日本侵入と大和における征服王朝樹立のことは、随所にその痕跡を認め得るように思う。そうして大和朝廷が南朝鮮を制していた時代までは、大陸的な、征服王朝的な性格が強く、また部族連合体的、軍事的な本質を有していた。

大陸北方騎馬民族の一派が南朝鮮の韓人の地を飛石として、倭人の本拠たる日本列島に渡来し、彼らが北方騎馬民族文化をそこに将来したという推測が可能のように思われる。またその騎馬民族の中心勢力を成したものが天皇氏で、その日本渡来が西暦四世紀の前半ごろにある……天皇氏を中心に大伴、物部、久米諸氏の連合に成る大陸北方騎馬民族の日本渡来から近畿進出までの期間は、大体一世紀足らずと考察して大過ない。(『江上波夫の日本古代史　騎馬民族説四十五年』大巧社、1993より抜粋)

内陸ユーラシアの乾燥地帯は雨量少なく寒暖の差が激しく農耕には適していない。そのような地に起居した遊牧民は、羊・山羊・牛・馬・駱駝《らくだ》などを主要な家畜として、良好な草地を求めて移動した。遊牧には非常に広範な草原を必要としたので、彼らは分散、個々独立してできるだけ小さな単位での生産活動が要求された。草木の枯れる冬は若干の猟を行うほかは天幕内に蟄居して過ごした。彼らが騎馬民族として征服国家たるには、民として集団化し、強い紐帯《ちゅうたい》で結びつけられる必要があった。

その契機となったのは、沃土《よくど》という恒久的な土地に根ざした、農耕を基盤とした都市文明の成立であった。農耕民の古代文明は、その生産余剰により金銀財宝を蓄積し、銅の兵器により軍備を整え、他民族との交易を通じて様々な食物果物を入手し、文化の花を開かせた。遊牧民は交易によってそれらの富を得られることを知ったが、彼らの持てる物は家畜・獣皮よりほかになく、徒党を組んで農耕地帯を掠奪《りゃくだつ》することが手っ取り早い途《みち》であった。

さらに、彼らは轡《くつわ》と鐙《あぶみ》を発明することによって、自在に馬を乗りこなし、騎乗しながら矢を射掛ける（左射＝左からの射撃ばかりでなく、弓を持ち替え右射も行うことができた）ことや、矛や槍を振るうことが可能になった。騎馬戦術の出現である。

この騎馬戦術の機動力は農耕民にとって脅威のものであった。彼らは農耕民の弱いところ、すなわち「虚」を突いて襲い、掠奪し、反撃する頃には雲を霞《かすみ》と兵を返した後であった。

この騎馬戦術の案出こそが、遊牧民をして集団化・組織化せしめ、「騎馬民族国家」出現に導いた。本来、遊牧民は広い草原に散在し、極めてルーズな紐帯しか持たなかった。それに反して、彼らを狭い範囲に強い紐帯で以て結びつけ集団化・組織化するということは、遊牧的生産より遙かに多くの経済的利益が得られるという動機がなによりのものであり、さらにはそこに形成された組織の主体を成すものが、強い権力・求心力をもって集団を導くことでより大きな力を発揮した。

　史上最も早く現れた騎馬民族国家は、黒海北岸南ロシアに展開したスキタイ（前6世紀）であったが、東北アジアに大きな影響を及ぼしたのは匈奴《きょうど》・鮮卑《せんぴ》・烏桓《うがん》・突厥《とっけつ》・蒙古《もうこ》などであった。殊に朝鮮半島・日本の古代史を考える上では、鮮卑の一部族であった拓跋《たくばつ》氏が興した「拓跋魏（北魏）」（３８６〜５３４）、「高句麗」（ＢＣ37〜ＡＤ６６８）「夫余《ふよ》」（ＢＣ60頃国家として成立）がより大きな影響を与えたといえるだろう。

「夫余」は我々にとってなじみが薄いように思う。夫余とは国家の名称というよりも、民族の名称と解すべきであろう。その領域はおよそ遼河以東、松花江以南の吉林省を中心に版図を広げていた。元々は濊《わい》族の地であり、夫余族は外からやって来た民族であったとも伝えられている。

『魏志』東夷伝夫餘条に夫余初代東明王の建国神話が載せられている。

　ある時、王の侍婢が妊娠した。不審に思った王が問いただすと、侍婢は「卵のような霊気が私に降りてきてそのために妊娠したのです」と答えた。王は生まれた男の子を便所に捨てたり馬小屋に捨てたりしたが、その都度、豚や馬が息を吹きかけ死なないように護った。長ずるに従って東明と名付けられた彼は類稀な才能を示すようになり、恐れた王は東明を殺そうとした。東明は南に逃れ施掩水《しえんすい》を渡り、夫餘の地に国を立てたという。その伝承は「周」の始祖后稷《こうしょく》の建国譚（『史記』周本紀）とよく似ている（『史記』の成立はBC90年頃であり「周」のそれが先にある）。

『魏書』あるいは『三国史記』には、高句麗の始祖朱蒙《しゅもう》の建国譚が載せられている。それによれば、朱蒙は河伯の娘が日光に感応して生まれたという。夫余王に養われて成長し、他の夫余の王子より卓越した才能を見せた朱蒙は、夫余の王子たちに追われ、南に逃れて高句麗を立てたとされる。高句麗は夫余の分かれと解されている。

国家としての「夫余」は、中国に有力な王朝のあった「後漢」「魏」「西晋」の時代には、朝貢してその冊封を得ていた。また高句麗の強勢の時代（4～5世紀）にはその支配下にあった。

夫余国は北魏の時代までその命脈を保ち、494年に勿吉《もっきつ》（のちの靺鞨《まっかつ》＝ツングース系）によって滅ぼされたという。

さらに、この朱蒙は「百済」（346～663）の建国神話にも登場する。初代高句麗王となった朱蒙は、北夫余にいた頃の息子を太子に立てた。それとは別に朱蒙は夫余王の娘を娶り、沸流《ふつりゅう》と温祚《おんそ》の二人の息子を儲けた。二人は太子との対立を避け南に逃れ百済を建国したという（『三国史記』『百済本紀』）。百済の王族は夫余の流れを汲み、よって「夫余」あるいは「余」を以て姓としている。

倭国は終始百済を扶《たす》けてきた。江上氏は、百済と倭国の王族が夫余に発する三韓時代の辰《しん》王朝に共通の起源をもつものとして、これを説明しようとしている。

騎馬民族の特質

以下に江上氏の捉える騎馬民族の特質を挙げる。

i 宗教・葬送儀礼

彼らはシャーマニズムを信奉し、天地・日月・星辰・山川を祀り、房車・天幕の入口を東に向け日の出を拝んだという。

匈奴の首長たる単于《ぜんう》は、その王位を「天地生むところ」「天の立つるところ」と自認し、血統におけるその神格を強調した。

烏桓・鮮卑では、人が死ぬと彼の馬に死者の霊魂を載せ、犬に導かせて聖地である赤山《せきざん》に赴かせた。

突厥の墳墓のその族長のものと思われるものは、石籬《いしがき》を廻《めぐ》らせ、墓壙《はかあな》には死者と伴に馬を陪葬した。殉死も行われたとみられている。副葬品は豊富で、金銀の杯や皿・帯金具・耳環、鉄製の刀剣・鏃《ぞく》(矢じり)、鳴鏑《かぶらや》、各種の馬具類、中国産の錦綾《きんりょう》の絹布《けんぷ》、毛織物など贅沢品と外国産品が多かったことが注目される。

また、墳墓の周囲に「バルバル」と呼ばれる石(石人・立石)を立てる風があった。死者が生前に戦場で殺した敵の人数だけ立てたという。捕虜の敵将を殺して立てることも行われた。

匈奴では、単于や王将などの貴人が死ぬと、葬送者は自分の顔を傷つけ、血を流し泣哭《きゅうこく》し、辮髪《べんぱつ》を切って棺に収めた。また、近幸の臣妾《しんしょう》を殉死せしめ、多いときには数百人数千人に達したという。

江上氏がこの段落を著した背景には、書紀の次の条が意識されていたと思われる。

垂仁紀二十八年条に、天皇の同母弟倭彦命の薨去についての記事が見える。

「……倭彦命《やまとひこのみこと》を身狭《むさ》の桃花鳥坂《つきさか》に葬った。是に近習の者を集えて、悉く生きながらに陵のめぐりに埋め立てた。日を経てもなかなか死にきれなくて、昼に夜に泣哭呻吟《しんぎん》する。遂には死んで朽ち腐り、それを犬や烏が集まってつつく。

天皇はこの殉死を強いられた近習共の呻吟する声を聞いていたく傷つけられた。『これより後は殉死の風儀を停止するよう皆で詔れ』と」

さらに、垂仁紀三十二年に至って、皇后の日葉酢《ひばす》媛命《ひめのみこと》の薨去の記事がある。

「天皇は『先に殉死させることは良くないと判断した。此度の葬儀を如何したらよいか』と群卿に諮った。野見宿禰が『良い考えがあるので後ほど奏します』と云って、出雲の土《は》師《じ》部《べ》を召して埴土《はにつち》を採って、人や馬や種々の物の形を造って天皇に奉った。『今より後この埴輪を以て生きている人に替えて陵墓に立て後世に伝えたら宜しいか』と奏上し、天皇はこれを誉めて『今後は生きたる人を立てるのを止めよ』と云った」

倭国にも殉死や倍葬の風習はあったようであるが、埴輪の起源についてはそれとは別の次元で理解されている。埴輪は古墳時代初期（3世紀後半～4世紀）に、特殊器台・円筒埴輪・壺形埴輪より始まり、後期に入って人や馬や家などの形象埴輪が造られるようになった。古墳に埴輪を並べるのは、殉死者を立てる代わりではなく、生者と死者の境を画する、あるいは葬送儀礼の場を画する意図より始まったものと考えられている。

それにしても近習の者を殉死せしめる風習は、騎馬民族、殊に匈奴の習俗に非常に似通っている。

ii 王位の継承・即位儀礼

王位は特定の中核氏族「王の氏族」によって独占され、他の氏族が取って代わる、すなわち侵犯することがなかった。男子のみによって継承され、兄弟が相続し一巡すればその末子の長子に、あるいは一巡の後に長兄の長子によって継承された。

突厥のカガン即位に際しては氈《もうせん》（フェルト）に乗せられて担ぎ廻られ、契丹《きったん》の即位儀礼でも新しい君主は氈に乗せられて持ち上げられた。拓跋の君主や蒙古のチンギス・ハーンも黒い氈に乗せられ持ち上げられたという。それらの氈は、神霊・精霊が降臨して地上の人間に憑《のりうつ》るための、人の側からすれば、神霊・精霊を我が身に招《お》ぎいれ神霊に転化するための「おぎしろ」であった。

iii 婚姻

多くの遊牧騎馬民族にあってその婚姻制度には、族外婚（同じ氏族からは娶《めと》らない）、一夫多妻制、嫂婚制《そうこんせい》（父が亡くなった場合に自分の実母以外の妻妾を妻として引き継ぐ、あるいは兄・伯父が亡くなった場合にその妻妾を引き継ぐ）、姉妹婚制（姉妹が同じ人に嫁ぐ＝連帯婚）の特徴があった。広大な草原という生活環境にあって異氏族と出会うことは稀であり、ややもすれば近親婚に陥りやすく、その弊害を経験的に知ればこその婚姻制度であったと考えられる。

匈奴の単于一族の場合、通婚する特定の姻族があった。さらに外婚については対象・範囲の制限はなく、単于が漢の公主（皇帝の娘）王昭君《おうしょうくん》を娶ったように外国から迎えることもあった。

有能な異民族の将士を積極的に登用し、例えば李陵《りりょう》・李広利《こうり》のような漢の将軍で匈奴に投降した者にも氏族の女を降嫁させた。

ⅳ 服装

古墳中期以降（4世紀末～7世紀）の古墳文化（石室に残された壁画・埴輪）に見る古代人の服装は、男子は短い上衣に褌《したばかま》（ゆったりしたモンペ様のズボンで脛《すね》で括った）、上衣は窄袖《つつそで》・左衽《ひだりまえ》であった。女子のそれは裳《も》（裾広がりのスカート）、帯で衣装を止めた。福岡県竹原古墳彩画「馬を引く人」に見られるように乗馬用の長靴を履いた。

以上に見られる特徴は、高句麗古墳壁画に見られるものとよく似ており、北アジア一帯の騎馬民族の騎馬と防寒に適した服装（「胡服《こふく》」と呼ばれ、着用法も同じ）と同一であると指摘している。

不完全ながらも示唆に富む江上説

江上波夫氏の唱えるところは、

①古墳前期（4世紀）の文化と古墳中期後期（5〜7世紀）のそれとが互いに根本的に異質なこと、

②その変化がかなり急激でその間に自然な推移を認めがたいこと、

③農耕民族はおのれの伝統的文化に固執する性向が強く、急激に多民族の異質的な文化を受入しておのれの伝統的文化の性格を変革せしめるような傾向は極めて少ないこと、

④我が国の中期後期古墳文化における大陸北方系騎馬民族文化複合体は大陸及び半島におけるそれと全く共通し、その複合体のあるものが部分的に、あるいは選択的に日本に受入れされたとは認めがたいこと、換言すれば、大陸北方系騎馬民族文化複合体が一体としてそっくりそのまま何人かによって日本に持ち込まれたものであろうと解されること、

⑤中期後期古墳文化の時代になって急激に多数の馬匹《ばひつ》を飼養するようになったが、馬だけが渡来して人が来なかったとは解しがたく、どうしても騎馬を常習した民族が馬を伴って多数大陸から日本に渡来したと考察しなければ不自然なこと、

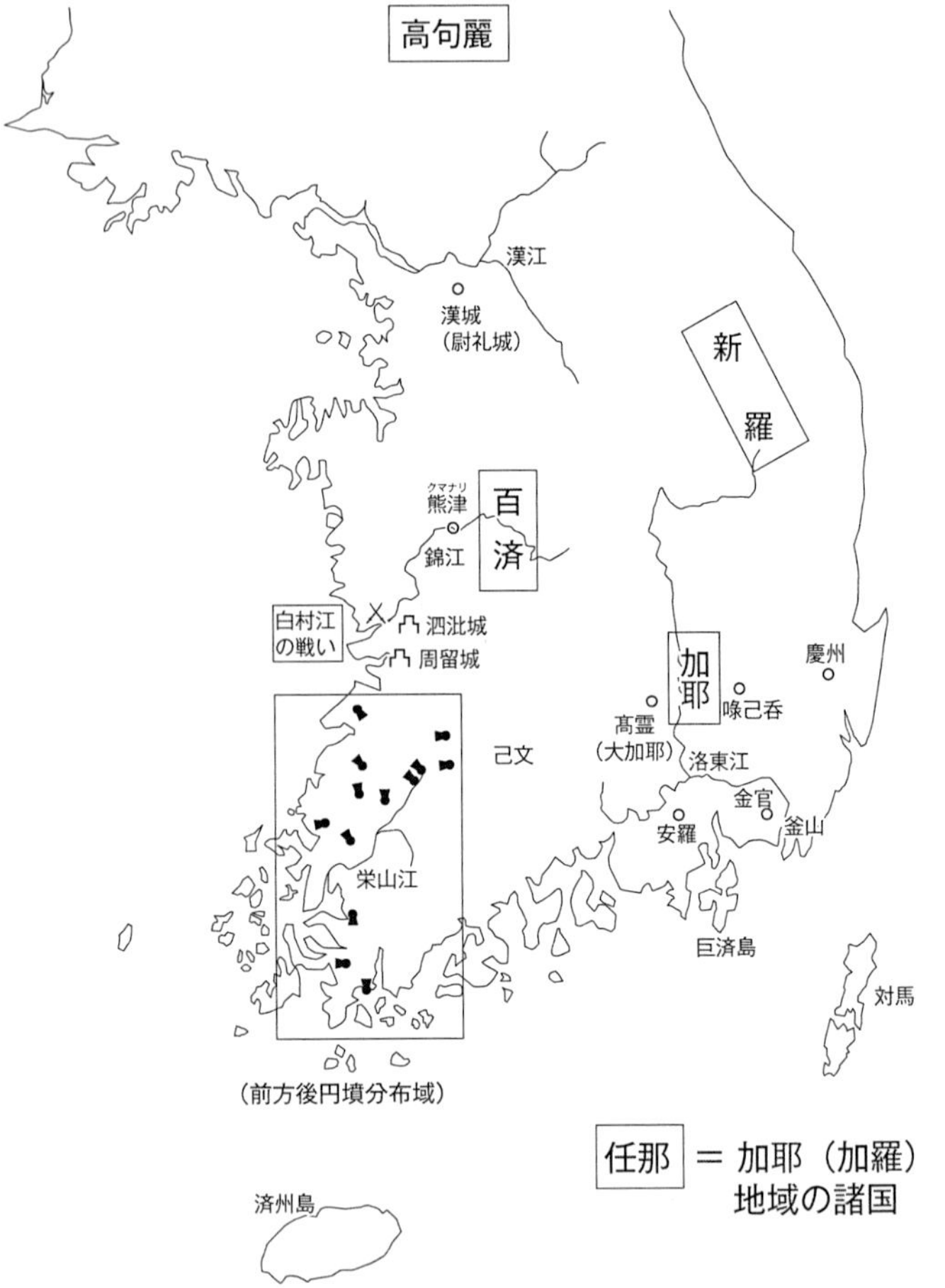

図４　当時の朝鮮半島

岩波文庫『日本書紀（五）』付表と田中史生『倭国と渡来人』吉川弘文館、2005、P.141図８を参考に筆者作図以下⑧まで理由を掲げ、大陸から朝鮮半島を経由して直接日本に侵入し、倭人を征服支配したある有力な騎馬民族が在って、その征服民族が以上のような大陸北方系文化複合体を自ら帯同してやって来て日本に普及せしめたと解釈する、というものである。

この「騎馬民族征服王朝説」は戦後間もない昭和24年（1949）に発表され一大センセーションを巻き起こした。「騎馬民族による征服があった」とする痕跡・考古学的知見は今に至るまで明確ではなく、現在では顧みられることはほぼないように思われるものの、4世紀末より5世紀後半にかけて画期があり前後の諸技術・文化に断絶がある、と解するのは大方の支持するところであろう。

「遠賀川《おんががわ》式土器に代表される韓式土器の淵源は栄山江流域に求められる」、「栄山江流域に13基の前方後円墳がある」（図4）、「6～7世紀前半にかけて任那の帰属が問題になったのは『天皇とそれを支える氏族が朝鮮半島にある種の既得権益を有していた』とする前提を置かないと理解しがたい」等々、騎馬民族が列島にやってきて征服したとは受け入れがたいところはあるものの、半島と列島との間にそれに近い様々な動きがあったであろうことは認めざるを得ない、と考えるものである。

第二章

『新字』文字技術の獲得
大陸・半島との交流

天武天皇が編ませた『新字』

天武天皇治世のとある日、官衙《かんが》のある一室で午後の日差しの中、官服を纏った一人、シナ服を纏った二人の、初老の男三人が机に向き合って何やら話し込んでいる。机上には中国の経書や史書、『切韻《せついん》』『唐韻』の辞書の類が積み上げられている。かつて編まれた『帝紀』や『国記』の文章を題材に、漢字一つ一つについてどう改定すべきか論じ合っているようで、中国語や倭語が盛んに飛び交っている……。

こんな情景があったのではないかと想像してみるのも感興が深い。

彼らの一人は境部石積《さかいべのいわつみ》（坂合部磐積とも書く）であり、残る二人は続守言《しょくしゅげん》・薩弘恪《さっこうかく》という唐長安出身の漢人であった。

石積は653年の第2次遣唐使で留学生として、さらに665年の第5次遣唐使の副使として唐に渡っている。続守言・薩弘恪の二人は、660年10月百済《くだら》の将鬼室福信《きしつふくしん》が唐俘《とうふ》百余人を日本に送り救援軍派遣を要請した、その俘虜の中に含まれていた。

天武11年（682）3月13日条に「境部連《むらじ》石積等に命《みことのり》して更に肇《はじ》めて新字《にいな》一部四十四巻を造らしむ」とある。同じく前年の天武10年（681）正月条に「境部連石積に勅《みことのり》して六十戸を封《よさ》したまふ。因りて絁《ふとぎぬ》三十匹・綿百五十斤・布百五十端・钁《くわ》一百口を給ふ」とあり、この頃に『新字』が完成したものと思われる。そして境部石積と続守言・薩弘恪のこの三人が主体となって670年代後半以降その編集作業が行われたものだろう。

『新字』については何も伝世していないが、岩波文庫『日本書紀』(五)補注によれば「師説。此書今図書寮ニ在リ。但シ其字躰頗ル梵字ニ似ル。未ダ其字義ノ準拠スル所詳ラカナラズ乎(釈紀所引私記)」とある。「梵字」とすれば全く見当違いの書物を見ていた可能性が高いと思われる。

では『新字』はいったいどのような書物であったか。『日本書紀』や律令の条文より逆に辿ってみるわけだが、一つには長安音と倭語の音とを比較・対照し、後に万葉仮名の基になる漢字を明らかにしたものか。当時の言葉には甲音と乙音の区別があり、「あいうえお」は8音であったという。書紀にも甲音・乙音の使い分けがあり、それに用いる漢字を明らかにしたものであったであろうか。

あるいは、新来の儒・仏・道教の書物や『史記』『漢書』『宋書』といった史書に顕れる漢字の義について解説したものであったであろうか。例えば、忠とか恕《じょ》とかいった抽象的な概念は元々の日本語には同様の言葉はなく、唐音そのままに理解するしかなかった。また、例えば動物・植物に限らず中国語では雄・雌の区別が厳密であり、牡《おうし》・牝《めうし》、鴛《おおし》・鴦《めおし》のように漢字一字を以て表しうる。そういった漢字の用法を深く解説したものであったであろうか。

倭語に同じあるいは似た言葉があれば訓読みを記すこともなされたであろうか。後の『新撰字鏡《しんせんじきょう》』『倭名類聚抄《わみょうるいじゅしょう》』といった漢和辞典に近い書物の先駆をなすものではなかったか、と思われる。

我々が古代史を知るうえでまず『古事記』『日本書紀』を得たことは、比較するもののないほどに重大な出来事であった。歴史や仏教などの思想・文芸、法体系、あるいは技術の伝承といったことも、文字（漢字）を使いこなし文章に記すことによって初めて概念が明確に固定される（視覚言語）。この事実を思えば、我々の祖先がこの7世紀後半に唐の燦然と輝く文化に接し、漢字漢文を習い日本語を漢文で表記し得る段階に達した、さらに漢字に習熟したある程度の階層ができ、それによって行政機構が整備され文書の伝達によって国が動くようになった。以上のことの礎が『新字』に象徴される漢字・漢語習得の努力であったと考える。

倭人の文字獲得

中国大陸・朝鮮半島との関わりの中で文字史について、今少し辿ってみたい。

そもそも話し言葉しか持たなかった倭人が、文字に出会い日本語を文字に変換する（文字の獲得）努力を始めたのは、360年頃以降のことと思われる。石上神宮《いそのかみ》（奈良県天理市）に伝わる七支刀《しちしとう》は、372年、倭が百済肖古王《しょうこ》の要請を受け軍を加耶（任那）に派遣し共に新羅と戦い加羅諸国を平定した、その友好の印として贈られたものとされ（異説あり）、象徴的である（刀身に金石の銘文を持ち、泰和4年〈371〉の銘がある。揚子江南側に勢力を保っていた東晋の年号「太和」とする説を採る）。

応神天皇の御代のことと伝承される書紀の条、弓月君《ゆづきのきみ》が百済より帰化したこと、その民百二十県を迎えるために葛城襲津彦《かつらぎのそつひこ》を遣わし新羅を討って彼らを連れ帰ったこと、百済王が漢字漢文に長じた阿直伎《あちき》・王仁《わに》を遣わしたこと、漢人系で東漢直《やまとのあやのあたい》氏の祖とされる阿知使主《あちのおみ》が多くの技術者・部民を率いて渡ってきたこと、彼らの渡来が倭人の文字（漢字）習得の端緒であったように考える。

紀元前108年、前漢によって朝鮮半島に楽浪《らくろう》・玄菟《げんと》・真番《しんばん》・臨屯《りんとん》の4郡が置かれたが、楽浪郡（平壌付近）のみ永く命脈を保ち、漢人が多く入植しその文化を伝えた。２０４年には楽浪郡より分かれて帯方郡（ソウル付近）が設置され、後漢・魏の文化が半島の南端にまで浸透したと考えられる。遼東より中国東北部に成立していた高句麗は３〜４世紀、次第に強盛になり半島北部を圧迫し、３１３年には楽浪郡を滅ぼすに至った。ほぼ同時期に帯方郡も韓・濊《わい》族に滅ぼされている。高句麗に圧迫されて帯方郡の漢人とその隷属民が難を逃れて日本列島に渡ったその痕跡が、書紀の応神天皇の条であろうと思われ、これが渡来人の第一波と考えられている（4世紀前半〜5世紀）。東漢氏は後漢霊帝の後裔を称し、あるいは秦《はた》氏は秦の始皇帝の裔孫もしくは弓月君（融通王）の後と称する万をも超える大氏族であり『新撰姓氏録』諸蕃の中で漢人は最も多い。この最初の渡来人の波では漢や魏の古様な漢字文化が入り、日本語の最下層を形づくっているという。

初期の漢字習得は、頂点に立つ天皇王権と有力豪族とに文字の技術を以て使えた渡来人の集団、東漢氏・西文《かわちのあや》氏の姿が想定され、倭の五王のひとり武の「宋」への遣使に際しての上表文「封國は偏遠にして藩を干外に作《な》す。昔自《よ》り祖禰《そでい》躬《みずか》ら甲冑を擐《つらぬ》き山川を跋渉し寧處に遑《いとま》あらず。東は毛人を征すること五十五國。西は衆夷を服すること六十六國。渡りて海北を平ぐること九十五國。王道融泰にして土を廓《ひら》き畿を遐《はるか》にす……」（昇明２年〈４７８〉『宋書東夷伝』）は、そういった文字技術者の手に成ったものだろう（もっとも、この倭王武の駢儷《べんれい》体の上表文はいささか出来過ぎで『宋書』編者の沈約《ちんやく》の手に成ったものかもしれない)。

倭の五王による働きかけ

やや文字獲得の問題とは反れることになるがさらに続ける。この倭の五王――讃・珍・済・興・武――は仁徳より雄略までの天皇に比定されるが、南朝「宋」に直接何を働きかけようとしたのか。

それは端的にいえば、朝鮮半島における倭の軍事権の行使の正統性を担保する官爵(お墨付き)を得ることにあった。より具体的には、451年倭王済は宋皇帝より「使持節都《しじせっと》督《とく》、倭《わ》・新羅《しらぎ》・任那《みまな》・加羅《から》・秦韓《しんかん》・慕韓《ぼかん》六国諸軍事安東大将軍」の官爵を賜っている。歴代五王はこの済同様にこの官爵を得るためにそれぞれ働きかけたのであった。これには少し注意を要する点がある。この六国には百済が入っていない。というのは、百済は倭より先に既に宋に働きかけ、同様の官爵を得ていたからであった(申請の時点では百済を含めていたが宋により削除されている)。百済は宋により近い関係にあった。また、秦韓・慕韓とは何処を指すのか、といえば三国時代よりさらに遡った三韓時代の辰韓・馬韓を指している

(それぞれの故地に新羅・百済が成立している)。では弁韓(後の任那の地)をなぜ含まないのか?それは「倭国は他に認められなくとも当然に弁韓の権益を持っている。弁韓こそは倭と同体である」という主張ではなかったか、と思われる。応神に始まり雄略に至る王朝が、このように任那の権益を守るために半島における武力行使のイニシアティヴを持とうと腐心していたことは、この王朝が半島に根(あるいは半身)を残しながら列島に渡って来たことを示唆しているのかもしれない(江上波夫説の重要な論拠になっている)。但し、書紀は応神より雄略天皇に至る時代の「宋」への遣使を一切伝えてはいない点に注意を払わなければならない。

史部流和習より唐代漢音の習得へ

この倭の五王の時代、すなわち5世紀前半から6世紀にかけて、高句麗の盛んな勢いはなおしばらく続き、百済・新羅を含めた半島情勢は流動的であった。倭国は任那の権益を守るために出兵し、しばしば高句麗と、あるいは高句麗と結ぶ新羅と戦いを交えている。この頃、半島と列島との行き来が盛んになり、殊に百済・任那からの渡来が増大した。これが渡来の第二波と考えられている。

　須恵器生産、錦織等機織り、馬具及び馬の飼養技術、鍛冶製鉄と武器や農具の製造技術などの諸生産技術、暦や陰陽道・儒教・仏教その他の漢籍・経典の類が人の往来と共にもたらされた。彼らは「新漢人《いまきのあやひと》」「今来才伎《いまきのてひと》」と呼ばれ、それは従前の渡来技術に比べ革新性を持つという意味を込めて「今来」と呼ばれたものであった。また彼らは古い時代の帰化人である東漢氏や秦氏・西文氏の管理の許に陶部《すえつくりべ》・鞍部《くらつくりべ》・画部《えかきべ》・錦部《にしごりべ》・訳語《おさ》などの部《べ》の民として編入されている。新しい技術の流入は物の行き来と共に文字技術の革新・拡散を促し、史《ふびと》姓の文字技術を以て仕える人々が認知されるに至った。この第二の渡来の波による文字習得は六朝や南朝宋・斉の文化が色濃く、「呉音」に象徴される文字文化の層を形づくっている。史は漢字を使って倭の言葉を漢文にする試みを当然に行っていたと考えられるが、長い年月のうちに上に返るなどの漢文の構造を失った文章が現れるまでになっている（「山ノ上碑」「多胡碑」「金井沢碑」の「上野《こうずけ》三碑」に特徴的）。この和習の入った漢文は「史部流」と呼ばれていた。

　敏達天皇元年（572）高句麗の初めての朝貢使が来朝した折、その上表文を東漢氏・西文氏の史の誰も解読できなかった。それを新来の王辰爾《おうしんに》（550年頃百済より来倭した漢人、高句麗の表を読み得たとすれば北朝魏の人であったか）のみが読み得たという故実「烏羽《うば》の表」

は、史の史部流が通用しない、換言すれば文字技術も更新されなければ通用しなくなるという事実を伝えている。

7世紀、大陸に隋に次いで唐が勃興し強大な帝国が築かれた。高句麗・新羅・百済の三国鼎立の戦乱の中で、新羅はいち早く唐に朝貢使を送り、それに応えた唐は659年百済及び高句麗を討つことを決意した。660年百済は唐・新羅の連合軍に攻められ滅亡する。663年百済の遺臣を扶け半島に出兵した倭国（第2次の派兵のみで2万7000名もの兵力）も白村江に戦い敗れ、668年高句麗も打倒されるに至った（既述の通り）。

百済に加担した倭国は「次はわが身が危ない」という唐の無言の圧力の前にあった。この危機に際して中大兄皇太子を首班とする倭王権は、唐との関係を改善し、法制（律令）を始めとする唐の諸制度を導入し、中央集権国家を急いで立ち上げることを国是として取り組んだ。第2次（653）・第3次（654）の遣唐使派遣はそれを端的に表している。しかしそれまでの漢字漢文の文字技術の導入は南朝「宋」の呉音によるものであったが故に、唐との意思疎通について役に立たないものであった。

木下礼仁《れいじん》氏の研究によれば、倭語の字音を表すのに使われた音借漢字について、百済三書（百済記・百済新撰・百済本記）に表れる漢字と書紀に使用されている漢字とを比較したところ、両者は全く別系統であり、反って百済三書と雄略～推古朝（5～7世紀初頭）の金石文との親和性が見られるという。南朝の漢字とその音を基本とした「史部流」は唐では通用しない和習として改革が待たれる状況にあったといえる。

こうした状況の中で『新字』は編纂されたのであり、712年に『古事記』が撰進され、720年に『日本書紀』が完成、『風土記』については和銅6年(713)に編纂の詔が出され715年頃より730年代にかけて各国より撰進された。『万葉集』の成立は宝亀11年(780)頃と考えられている。これらの書籍は全て時の唐代の漢文として通用すべく多かれ少なかれ『新字』に依拠して書かれたものであろう。書紀は唐代の正統な漢文で記述されている(薩弘恪は書紀の編者の一人と考えられている)。古事記は太安麻侶のなるべく平易な音借漢字を用いるなどの学者としての使い分けが見られ、書紀との共通点は少ない。風土記の表記についてはそれぞれの国衙における書記担当の史の能力に左右されたに違いない。万葉集の場合は和歌を助詞も助動詞も取り去って漢文として表記したものや、漢字を表音的に一字一音として助辞を逐一表記したものまであり、万葉仮名を生むまでのさらに別の「日本語にどのような漢字の衣装を着せるか」といった問題意識を以て書かれている。

続守言《しょくしゅげん》・薩弘恪《さつこうかく》二人の功績についてさらに触れてみたい。

持統5年(691)9月条に「音博士《こえのはかせ》大唐《もろこし》の続守言・薩弘恪、書博士《てかき》百済末士善信《ばっしぜんしん》に銀《しろがね》人ごとに二十両《ころ》賜ふ」とあり、この頃に彼らは音博士として大学寮にて官僚の氏族子弟や僧侶に唐長安音の指導を行っていたものであろう（僧侶に対しては北方音に習熟しなければ得度させないという通達が何度も出されているという）。官衙の役人として漢字を扱い文書を起草する立場の者は当然にして、唐に留学生として渡ろうとする者もあり、さらには、漢詩を唐音で声を出して読み、押韻やその抒情や叙事を鑑賞するといったこともこの頃より始まったものと思われる。

仏教の三宝の法《のり》とはすなわち経典のことであるが、６世紀以降にもたらされた経典類は全て漢字の衣装をまとっていた（鳩摩羅什《くまらじゅう》３４４〜４１３、真諦《しんてい》４９９〜５６９、玄奘三蔵《げんじょうさんぞう》６０２〜６６４などの訳経僧が知られている）。それらの経典を理解しながら唐音で発声（読経）すればそれは唐（の僧侶）と共通の所作であった。大勢の僧侶や役人が競って漢字に習熟しようと漢字漢文を読み書きしようとした当時の姿を彷彿とさせるものである。役人が唐音で漢文を読み僧が読経をすることによって、よほどか唐と日本は近いものになったといえる。

後のことであるが、延暦23年（８０３）に遣唐使留学生として渡唐した空海は、福州に上陸したその時点よりよどみなく中国語を操り文章をしたためることができたという（同じ一行の最澄も同様に苦労なく中国語を扱えたであろう）。これは空海の天才を示すものでもあるが、仏教を国家のものとして僧たる身分、寺の維持も含めて国が管理した中で、僧侶は刻苦勉励して学問に励んだ姿を伝えている。音博士続守言・薩弘恪をパイオニアとして国家が導入し、それに応えて唐代の中国語に習熟しようと、さらには書かれた法《のり》の神髄に迫ろうと営々と努力を重ねた結果が、空海や最澄の傑僧を生んだともいえるのではなかろうか。唐代中国語の習熟についての努力がなされる一方で、より広く文字（漢字）が浸透していった結果「中国語を日本語に飼い馴らす」すなわち、固有名詞を漢字を用いて表記する万葉仮名の開発から始まって、公文書では宣命体に送り仮名や助辞を加える形での片仮名や、字体（行書体）の改変より現われる平仮名を生む過程を見せている。いずれにしても語学習熟への道は聞き取ることと発声が大切であることは論を待たず、音博士の果たした役割は多大なものであったであろう。

渡来人の帰化

7世紀以降の人々の交流の姿を視点を変えて、いかに多くの渡来人があったか、彼らがどのように帰化していったかを、さらに詳しく見ていきたい。

書紀推古8年（600）2月条に「新羅と任那と相攻む。天皇、任那を救はむと欲す」と

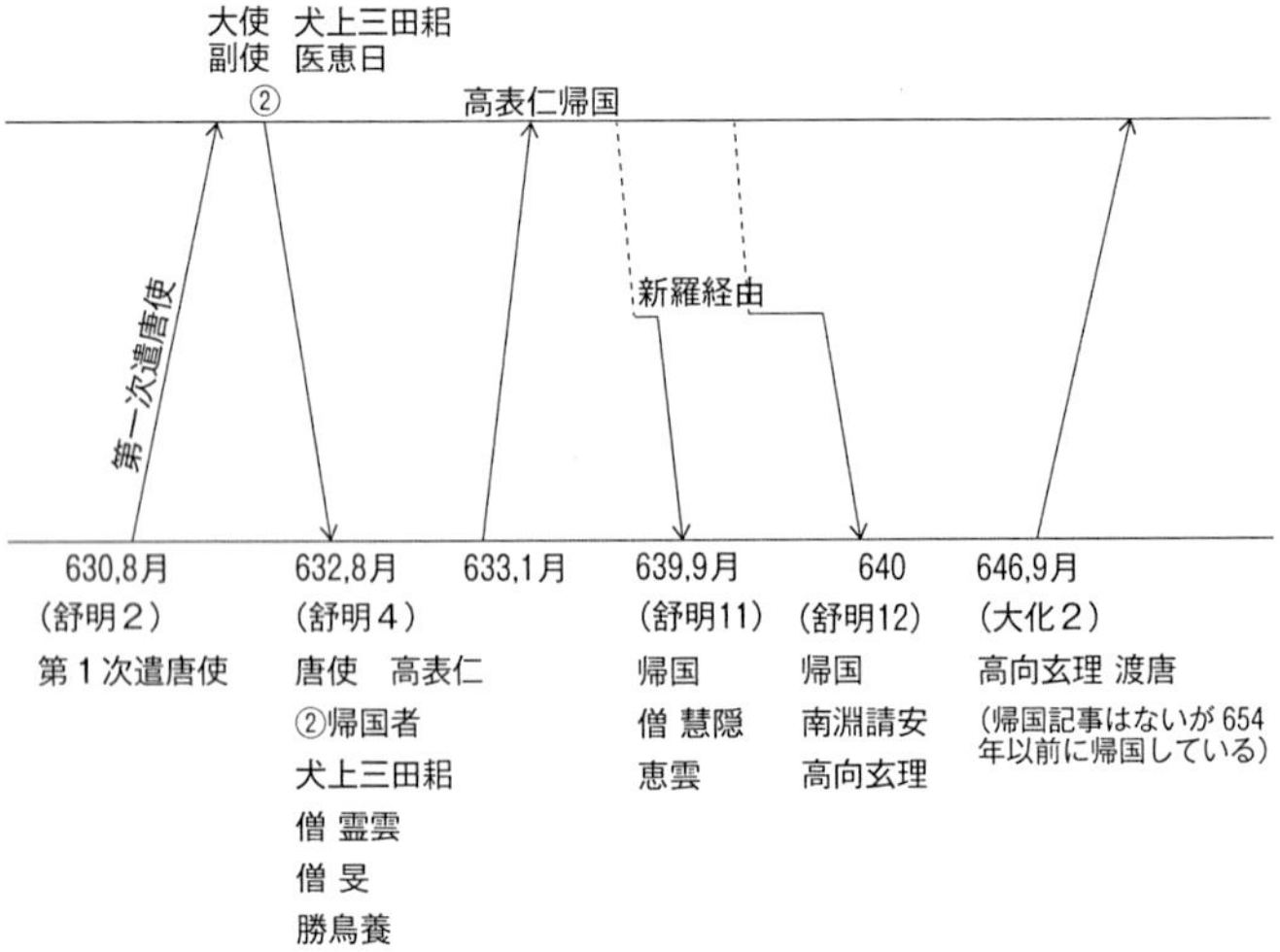
大使　犬上三田耜
副使　医恵日
②
高表仁帰国
第一次遣唐使
新羅経由
630,8月
（舒明２）
第１次遣唐使
632,8月
（舒明４）
唐使　高表仁
②帰国者
犬上三田耜
僧 霊雲
僧 旻
勝鳥養
633,1月
639,9月
（舒明11）
帰国
僧 慧隠
恵雲
640
（舒明12）
帰国
南淵請安
高向玄理
646,9月
（大化２）
高向玄理 渡唐
（帰国記事はないが 654
年以前に帰国している）

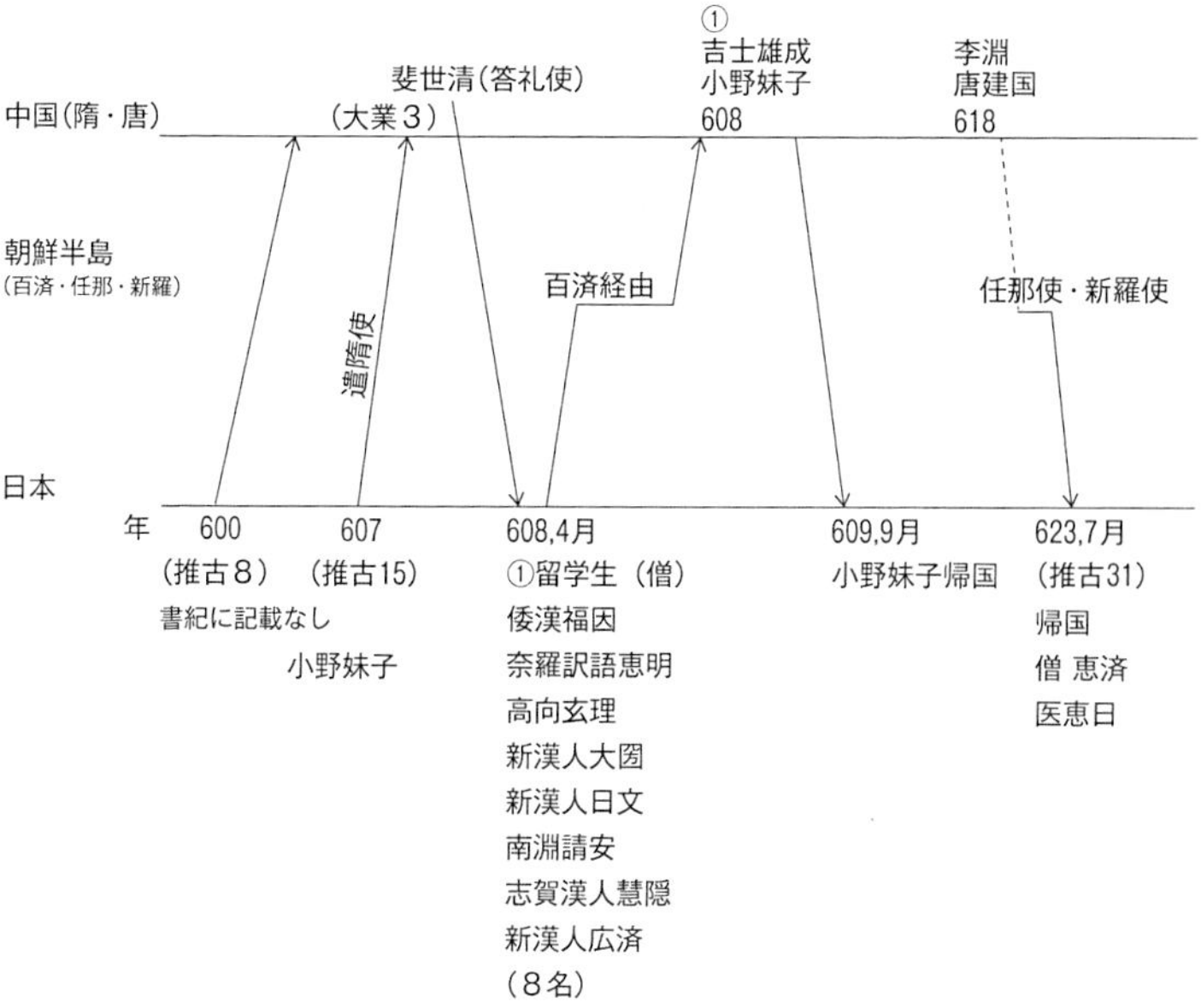

図５ 隋・唐と朝鮮半島三国との交渉（600～646年）

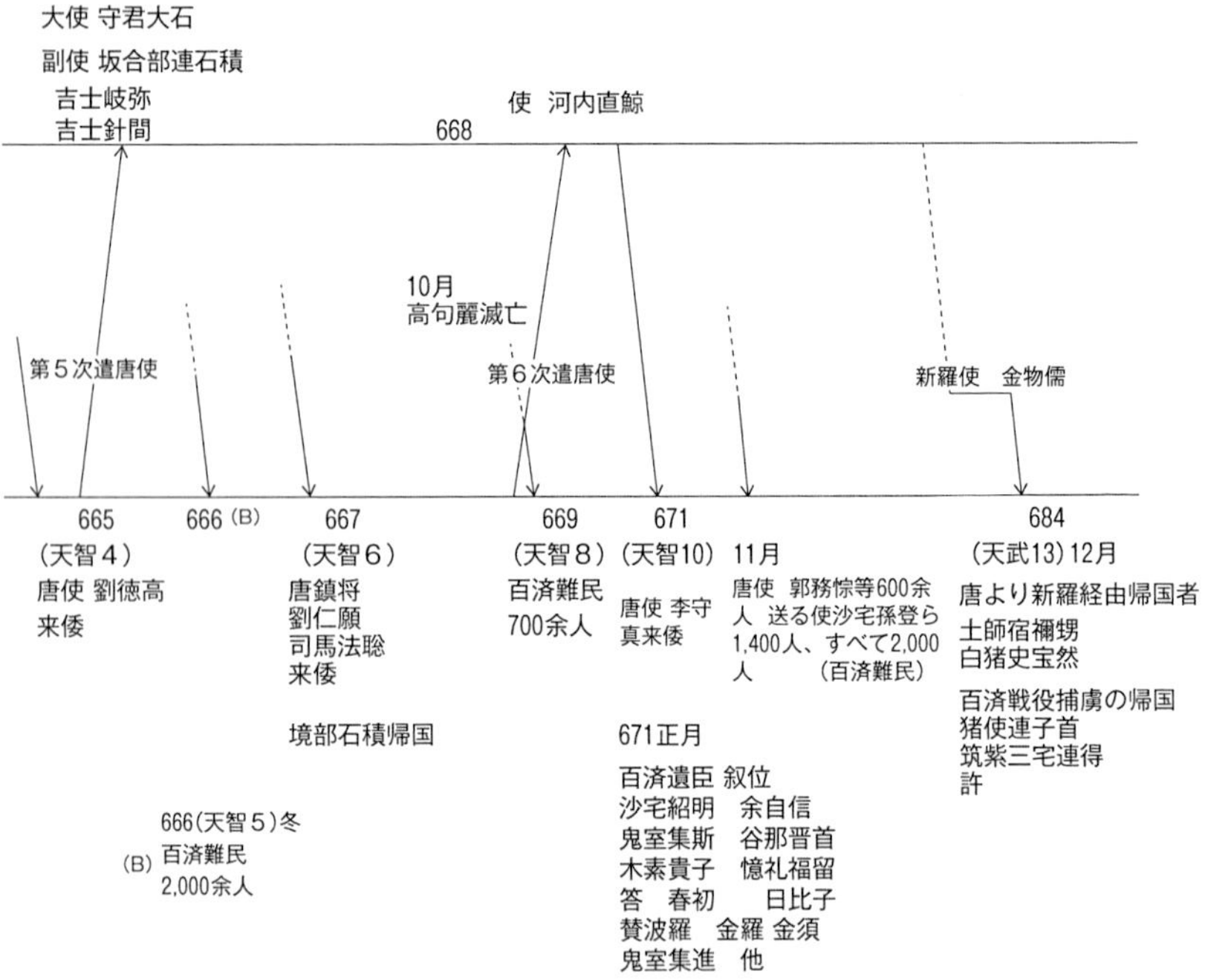
大使 守君大石
副使 坂合部連石積
吉士岐弥
吉士針間
使 河内直鯨
668
10月
高句麗滅亡
第５次遣唐使
第６次遣唐使
新羅使 金物儒
665
(天智４)
唐使 劉徳高
来倭
666 (B)
667
(天智６)
唐鎮将
劉仁願
司馬法聡
来倭
境部石積帰国
(B) 666(天智５)冬
百済難民
2,000余人
669
(天智８)
百済難民
700余人
671
(天智10)
唐使 李守
真来倭
671正月
百済遺臣 叙位
沙宅紹明 余自信
鬼室集斯 谷那晋首
木素貴子 憶礼福留
答 春初 日比子
賛波羅 金羅 金須
鬼室集進 他
11月
唐使 郭務悰等600余
人 送る使沙宅孫登ら
1,400人、すべて2,000
人 (百済難民)
684
(天武13) 12月
唐より新羅経由帰国者
土師宿禰甥
白猪史宝然
百済戦役捕虜の帰国
猪使連子首
筑紫三宅連得
許

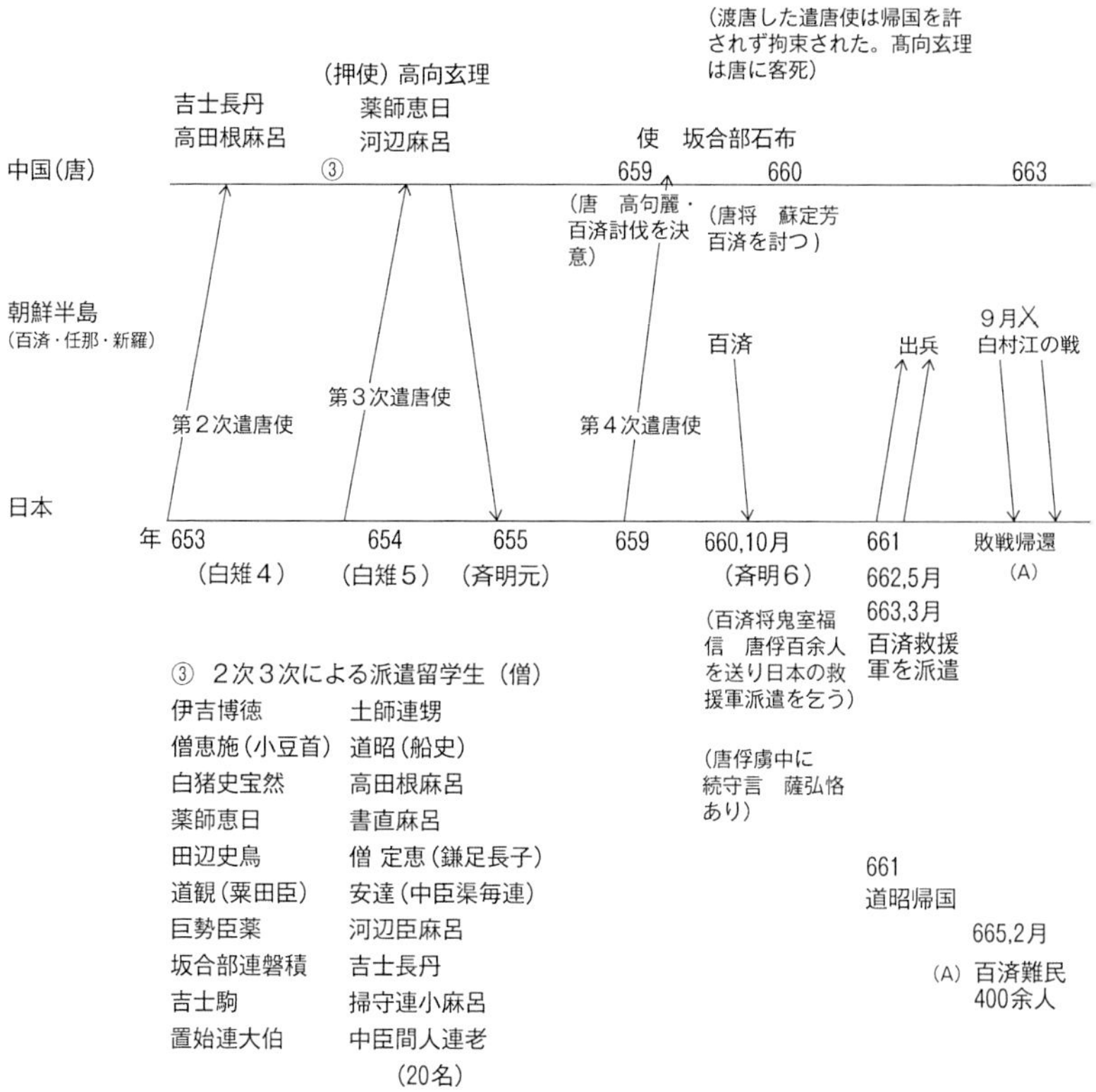

図6 唐と朝鮮半島三国との交渉(653〜684年)

あり、新羅攻伐の兵を遣わし五つの城を抜いたことが見えている。また書紀には記載が見えないが、この時期（６００年）に遣隋使を送っている。

翌９年３月条、高麗、百済に遣使して詔《みことのり》して「急《すみやか》に任那を救へ」、とあるが、この期には、朝鮮半島（以下半島と表記）に討伐の兵を遣わすことはできなかった。

推古15年（６０７）７月には、小野妹子を使として隋に派遣した。これが日本と中国との本格的な通交の第一歩に当たる。翌16年（６０８）４月、大使小野妹子は答礼使裴世清《はいせいせい》を伴い帰国した。裴世清の携えてきた皇帝の返書には「皇《きみ》、海表《わたのほか》により居《ましま》して、民庶《おほみたから》を撫《な》で寧《やす》みし、境内安楽《くにのうちやすらか》にして、風俗《くにのしわざ》融《とほ》り和《あまな》ひ、深き気《こころばへ》至れる誠ありて、遠く朝貢《かよ》ふことを脩《かた》つといふことを知りぬ。丹款《ねんごろにまこと》なる美《みさを》を、朕《われ》嘉《よみ》すること有り」とあり、礼を尽くした丁寧な遣り取りがあった。この年９月、裴世清を送るに再度小野妹子を大使、吉士雄成《きしのおなり》を副使として、さらに留学生 倭漢直福因《やまとのあやのあたいふくいん》・奈羅訳語恵明《ならのおさえみょう》・高向《たかむく》玄理・新漢人大圀《いまきのあやひとおおくに》、留学僧新漢人日文《いまきのあやひとにちもん》・南淵漢人請安・志賀漢人慧隠《えおん》・新漢人広済《いまきのあやひとこうさい》の８人が共に隋に渡った。これらの留学生は全て古い時代の漢人系帰化人の末裔であり、高向玄理・南淵請安・新漢人日文（帰朝後は僧旻《みん》と呼ばれた）の３人は、帰朝後に大きな影響を与え、彼らのもたらした見聞・思想が大化の改新に繋がっていったことはよく知られている。

斉明６年（６６０）10月条、百済の将鬼室福信は唐俘百余人を送り来たり、倭国の救援軍の派遣を乞うた。その唐俘百余人を美濃国不破郡片県郡に住せしめた。先に触れたように中に続守言・薩弘恪がいた。

天智4年（665）2月条、百済の百姓男女400余人を近江国神崎郡に居《お》く。

同　5年（666）是冬条、百済の男女2000余人を以て東国に居く。

同　8年（669）是年条、佐平余自信、佐平鬼室集斯ら男女700余人を以て近江国蒲生郡に遷し居く。

同　10年（671）11月条、唐使郭務悰ら600人、送使沙宅孫登ら1400人、全て2000人船47隻に乗りて比知嶋に泊りて……道久らを遣わして帰化したいと告げて来た。

同　10年正月、百済の遺臣、佐平余自信・沙宅紹明《さたくじょうみょう》・鬼室集斯《きしつしゅうし》・谷那晋首《こくなしんしゅ》・木素貴《もくすき》子《し》・億礼福留《おくらいふくる》ら60余名に位階を授け叙任があった。

百済は唐・新羅軍に攻められ660年に滅亡する。鬼室福信は残余の兵力を集め、日本に質として留まっていた王弟余豊璋《よほうしょう》を送り返させ、百済の再興を図った。倭国は福信の救援要請を受け5万7000もの大軍を派遣し、663年白村江に唐・新羅軍と戦い大敗を喫した。これを以て百済は完全に潰《つい》えた。以上の書紀の記事は、国を失った百済の官僚70

名をはじめとして記録に残っているだけで5000人余の遺民が日本に渡ったことを伝えている。

唐は、百済を滅ぼすより前に自らの北辺を脅《おびや》かす高句麗を討つことを決意していた。668年、唐将李勣《りせき》は高句麗を平壌に攻め滅ぼした。唐は朝鮮半島全体を直接支配することを考え、百済の故地に熊津《ゆうしん》（あるいはくまなり）都督府を、平壌に安東都督府を、さらに新羅にも文武王をその大都督として鶏林州都督府を設置し、新羅を属国としてその支配下に置こうとした。新羅はこれに反発し670年安東都督府を攻め唐と戦争状態に入った。新羅は旧高句麗の王族安勝《あんしょう》を高句麗王に冊立し唐に対抗した。唐の支配域（旧百済領）を蚕食する一方、唐から問責されれば謝罪使を派遣し、徐々に唐の力を削いでいった。674年、唐は劉仁軌《りゅうじんき》を派遣して新羅を討ち勝ちを得た。675年、新羅は3度目の謝罪使を送ったが高宗は激怒し文武王の官職を剥奪しようとした。676年、唐は再度軍を派して伎伐浦《きばつほ》に戦ったが、この度は新羅が唐を破り勝ちを収めた。唐はさらに新羅を討とうとしたが、領土の南西方チベットの吐蕃《とばん》に対抗するためにさらなる戦いを諦めざるを得ず半島の経営を放棄するに至った。ここに朝鮮半島の新羅による統一が達成された。

高句麗は、滅亡後も新羅国内で安勝を王とする亡命政権として684年までなおしばらくの間存続した。

天武14年（685）2月条、大唐国《もろこしひと》・百済人・高麗人併せて147人に爵位を賜わった。

持統称制前紀（686）閏12月条、筑紫大宰《つくしのおおみこともち》が三つの国高麗・百済・新羅の百姓男女と僧尼62人を献上した。

持統元年（687）3月、日本の保護を求めて渡来してきた高麗56人を常陸国に置いた。田や食料を授け生きていけるようにした。

同年　3月、保護を求めて渡来してきた新羅14人を下毛野国に置いた。田や食料を授け生きていけるようにした。

同年　4月、筑紫大宰が保護を求めて渡来してきた新羅の僧尼及び百姓の男女22人を献上して来たので武蔵国に置いた。

持統3年（689）4月保護を求めて渡来してきた新羅人を以て下毛野に置いた。

持統4年（690）2月、新羅の沙門詮吉《ほうしせんきち》・級飡《きゅうさん》（第9位の官位）北助知《ほくじょち》ら50人が保護を求めて渡来してきた。

同年　2月、保護を求めて渡来してきた新羅の韓奈末《かんなま》（第10位の官位）許満《こま》ら12人を以て武蔵国に置いた。

同年　5月、百済の男女21人帰化《もうおもぶ》く。

同年　8月、帰化ける新羅人らを以て下毛野国に居《はべ》らしむ。

持統7年（693）2月、難船して漂着した新羅人牟自毛礼《むじもれ》ら37人を以て前年11月にやって来た調進使朴億徳《ぼくよくとく》らに授け一緒に国に帰らせた。

668年の高句麗滅亡から676年の統一新羅の成立まで、半島は戦乱の状態にあった。百済の場合と同様、高句麗から倭国への多数の難民があったと思われるが、書紀の記述の中には高句麗からと特定できるものは以上のごとく僅かである。高句麗の故地である半島東海岸より船を出せば、対馬海流に流されどうしても山陰や能登半島越後出羽方面に漂着する可能性が高い。国司に補足され公式記録に残されることのなかった漂着も多数あったと思われ、若狭地方の神社には高麗からの渡来に纏《まつ》わる伝承も残されている。

その一例として矢代加茂神社（福井県小浜市）の例を挙げる。

「半島より王女と供の上臈8人が彼処《かのところ》の浦に漂着した。彼らは永い漂流のため心身ともに疲れ果て、ひたすら救いを求め憐れみを乞うた。村人たちは初め食料を与え介護したが、船にぎっしり積まれた金銀財宝に目が眩み、王女をはじめ全員を杵を振るって打ち殺した。ところがそれ以来村では災害や不幸な出来事が打ち続き、慚鬼の念から彼らの霊を弔うために手杵を振るって罪の償いの祭りを始めた」ことを伝えている。

他に丹生《にう》神社・加夫刀比古《かぶとひこ》神社・阿良加志比古《あらかしひこ》神社・美麻奈比古《みまなひこ》神社・美麻奈比咩《みまなひめ》神社以下、渡来神を祀るとみられる多数の神社がある。

天智5年（666）10月条に高句麗が救援の要請を伝える使いを寄越しているが、その中に玄武若光《げんぶじゃくこう》の名前が見える。下って大宝3年（703）4月4日条（続日本紀）に、従五位下高麗《こま》若光に王《こにきし》の姓を賜ったとする記事が見える。次いで霊亀2年（716）5月16日条（続紀）、駿河・甲斐・相模・上総・下総・常陸・下野の7ヶ国にいる高麗人1799人を武蔵国に移住せしめ初めて高麗郡を置いたとある。高麗王若光は相模大磯に居たことが明らかであり、武蔵に移った彼は長老として新生高麗郡民の精神的支柱であったであろう。埼玉県日高市の高麗神社は高麗王若光を主祭神としており、周辺には関連する遺跡が多い。

持統元年（687）から持統4年（690）にかけては新羅による半島統一が成ってからであるが、むしろ新羅からの帰化が多い。

698年に渤海が建国すると、半島情勢は再び緊張していく。さらに745年から750年代後半にかけて新羅国内に飢饉や疫病が流行り新羅は疲弊していき、780年以降王位継承の争いが激化し、反乱が多発し衰亡に向かっていった。

新羅は、真興王《しんこう》（在位540~576年）の頃、国力が伸張し高句麗と戦い領土を広げ百済故城の漢城を奪い、文化的にも全盛期にあった。王都では仏教が興隆し（殊に法相《ほっそう》三祖智

図７　弥勒菩薩半跏思惟像
東京国立博物館「法隆寺献納宝物目録」1979より転載

周に学んだ智鳳《ちほう》らが法相宗を伝えた）、弥勒菩薩《マイトレーヤ》（＝法相宗祖とされる）を信奉する花郎《かろう》と呼ばれる青年組織ができ、集団生活による切磋琢磨、心身の鍛錬や社会の浄化運動が行われた。弥勒菩薩は釈尊の入滅後56億7000万年後に衆生救済のために現世に遣わされる仏であるとされるが、「転輪聖王による正法治国が完成するとき弥勒仏が出現する」「現に今弥勒仏は現れる。その弥勒下生《げしょう》に合わせてこの世を変革しなければならない」という弥勒下生信仰が流行した。新羅では6〜7世紀に弥勒菩薩半跏思惟像が盛んに造られたと考えられている。貴族たちは像高50㎝内外の金銅仏を念持仏として好んだのであろう。統一新羅の功臣かの

図８　石塔寺　三重石塔

金庾信《きんゆしん》の率いた花郎軍団の守り本尊が弥勒菩薩であったという。

　そしてそれらの弥勒菩薩像は飛鳥白鳳の頃（6末～7世紀末）日本にもたらされている。広隆寺（京都市）の弥勒菩薩半跏思惟像は松材を素材としており新羅のものと近似している。野中《やちゅう》寺《じ》（大阪府羽曳野市）の金銅仏や法隆寺献納宝物の中の10余体の金銅弥勒半跏思惟像（図7）も新羅（あるいは百済）と縁が深いと考えられている。

　当時の日本には法相の唯識《ゆいしき》論はもちろんのこと弥勒経や仏像も入って来ていたが、花郎の運動を日本が採ることはなかった。花郎の社会運動はときに反体制的であり、また日本の新羅の国に対する信頼も尊敬も薄かった。日本にあっては仏典や仏像は尚国家のものであった。

　余談になるが、石塔寺《いしどうじ》（滋賀県東近江市〈旧蒲生郡〉）に石造三重塔（図8）が遺されている。その塔は見るからに半島の様式を伝えている。天智8年（669）百済遺臣佐平余自信・鬼室集斯等男女700余人は近江国蒲生郡に移し置かれたが、彼ら百済遺民の遺したものと信じられている。

第三章

壬申の乱

乱の予兆

中大兄皇子（天智）は葛城《かつらぎ》皇子ともいわれた。幼年時代を葛城氏もしくは葛城の地で乳母に育てられたのであろう。他方、大海人皇子（天武）は凡海《おおしあま》連氏族の女を乳母として養育されたとするのは先に示した通りである。

二人は舒明天皇の同母の兄弟であるが幼年時代を共に過ごした形跡はない。兄中大兄は早くに歴史の表舞台に登場する。645年「乙巳《いっし》の変」はこの中大兄皇子の主導のもとになされた蘇我《そが》氏打倒の政変であった。時に皇子19歳（あるいは20歳）のことであった。以降、孝徳・斉明の治世、さらに称制の6年間を含めて都合22年間（645～667）皇太子として政《まつりごと》を掌《つかさど》った。

大海人皇子が歴史上に顕れるのは661年の斉明天皇の筑紫行幸の時からのようであるが、それ以降、兄の傍らでその政を見てきた。

大化5年（649）3月には、蘇我日向《ひむか》が蘇我倉山田石川麻呂を讒言《ざんげん》し、軍兵に邸を囲まれた石川麻呂が自死した事件があった。孝徳天皇が事を処断したが、背後に中大兄皇子の影が見える。

斉明天皇4年（658）11月には有間皇子の事件があった。皇子の父は孝徳天皇、母は阿《あ》倍倉梯麻呂《べのくらはしまろ》の娘小足媛《おたらしひめ》であり、もちろん皇位継承の権利を有していたが、後世の我々の目からすれば15歳以上年上の冷徹な皇太子中大兄に敵うべき相手ではなかった。

斉明天皇が紀温泉に行幸している間の出来事であった。留守を預かる蘇我赤兄《あかえ》が皇子の所にやって来て、天皇・皇太子の政事の過ちについて「大きな倉を建て民の財を積み集めた、長い渠《みぞ》を掘って公費を費やした、舟に石を積み遡って丘を造った」と言って、「その過ちを糺《ただ》すべし」として皇子を扇動した。皇子の父孝徳天皇、母方の祖父阿倍倉梯麻呂も既に亡く、孤立無援の皇子は狂人を装うことまでして身に災難の振りかかることを避けてきた。皇子は赤兄の心が自分に麗しいことを知って、兵を企てる事を思い立った。すると赤兄は掌《てのひら》を返したように兵を手配し皇子の邸を囲み、同時に天皇・皇太子に皇子の謀反を告げた。皇子は捕らえられ、紀温泉の天皇の元へ送られた。申し開きも空しく皇子は藤白坂に絞《くび》られ短い命を閉じた。御歳19歳であったという。

赤兄が中大兄皇子の意を含んでやったのか、中大兄に取り入るつもりで仕組んだのか知る由もないが、赤兄の卑劣を思わざるを得ない。赤兄はその後、中大兄皇子の忠実な臣として仕え左大臣にまで登る。

事が外交に及べば、中大兄皇子の手腕は水際立っていた。660年に百済が滅び、

663年に白村江で壊滅的な敗戦を喫した後、「次は唐によって日本が攻撃されるか?」というかつてない危機に立たされたが、中大兄皇子は適切な対応をとっている。

以降の半島の唐・新羅と高句麗との関係においては中立の立場をとりながら、まず664年対馬・壱岐・筑紫国に防人《さきもり》と烽《とぶひ》を置き、さらに、博多湾の防衛線を下げて平野が丘陵によって縊《くび》られる現大野城市辺りに1・2kmにわたって土塁と濠による「水城《みずき》」を築き、続いて長門国・筑紫国に城(大野城・基肄《きい》城)を築かせ、667年にはさらに高安城(大和・摂津の境)、屋嶋城(讃岐)、金田城(対馬)を築かせ防衛体制を固めている。

多くの渡来人の波もこの時期にあった。既述の如く、661年には鬼室福信が唐俘《とうふ》百余人を送って寄こし、白村江の敗戦の後には、百済王善光・佐平余自信をはじめとして多くの亡命者が何波にもわたってやって来ている(少なくとも5000人以上にのぼる)。高句麗・新羅からの渡来人も多く見られた。

それらの人々を、例えば、築城や土木技術に明るかったと考えられる答本《とうほん》春初《しゅんそ》・億礼《おくらい》福留《ふくる》をして城を築かせたり、業や知識・学問・技芸を有す者を登用し位を与えた。そうではない場合は、例えば近江国神崎郡に百済からの400余人を入れ、田を与えた。徙民《しみん》政策により、後には美濃・相模・武蔵などに渡来人を入れ、新たに郡を設置し律令体制に組み込んでいく。

これらの施策は、内大臣鎌足・蘇我赤兄・中臣金《かね》などの意見を徴すべき臣下はいたものの、ほぼ皇太子中大兄の専権によって迅速に処置されたもののように思われる。書紀には鎌足の影はほとんど出てこないので、鎌足がどの程度中大兄を動かしたかは判らないが、中大兄はよくいわれるような内向的な性格ではなく、自ら冷徹果断に断固として物事を処理し得た人物であったと私はみる。その点、弟の大海人皇子も同じ資質を受け継いでいる。

書紀に、大海人皇子が皇太弟として登場するのは、天智天皇3年（664）2月のこと「冠位二十六階、及び氏上《このかみ》・民部《かきべ》・家部《やかべ》等の事」を皇太弟に命じて発表させたこと以降、何度か顕れる。実際のところはどうであったか。

書紀は天武・持統天皇の命によって編纂されている。「天武天皇を以て壬申の乱による皇位簒奪者とする姿を極力避けたであろう」と考えられるので「皇太弟」（すなわち皇位継承被指定者）の指定があったとするのは書紀編者の作文であり、皇太子の地位に実際に就いたかどうかは疑わしいと考える学者もある。

脱出

天智天皇10年(671)正月5日「大友皇子を以て太政大臣に拝《め》す」

同年10月17日、天皇疾病重し。

東宮(大海人皇子)を病臥する枕元に召し入れ、「朕、病甚だし。後事を以て汝に託したい」と宣った。大海人皇子は「お願いです。日嗣《ひつぎ》(=皇位)を皇后であられる倭姫《やまと》に授けていただきたい。また、大友皇子を太政大臣として諸政を執っていただくようにしたい。私は天皇のために出家して仏道の修行を行いますのでお許し願います」と答えた。

天皇はそれを許し、大海人皇子はその日の内に髭髪《ひげかみ》を剃り沙門となった。

同月19日、東宮は天皇に「只今より吉野に入り仏道修行に専念します」と出立の挨拶を済ませ宮を発った。大臣らが宇治まで見送った。

この大海人皇子の一連の動きが壬申の乱の前触れである。皇子は、645年の乙巳の変を主導した中大兄皇子の、その後の政治の進め方、物事の処置の仕方をつぶさに見てきたに違いない。中大兄皇子の決断は冷徹であり、しかも躊躇することなく早い。読みも深い。そのまま近江宮に留まれば、天智天皇(中大兄)の崩御の時を迎え、ついには近江宮を逃れる機会を失っていたであろう。そうなれば、大友皇子に随《したが》う大臣蘇我赤兄・中臣金らの勢力によってその身を拘束され亡き者とされていたであろう。

　同月23日、大友皇子は、大海人皇子が吉野に逃れた「まず身の安全を図ろう」とする意図に気づき、事態の容易ならざるを予感した。

　内裏の仏堂の前に大友皇子が座し、左大臣蘇我赤兄、右大臣中臣金、蘇我果安《はたやす》、巨勢人《こせのひと》、紀大人《きのうし》が侍る。大友皇子が立ちあがり手に香炉を取って誓いを陳《の》べた。「我ら六人心を同じくして、天皇の詔を承ろう。もし違うことあれば必ず天罰を被るであろう」

　続いて赤兄らが泣きながら誓いを陳べた。「臣ら五人、殿下に随って天皇の詔を承る。もし違うことあれば天神地祇に罰せられるだろう。子孫は絶え家門は必ず滅ぶに違いない」

　12月3日、天智天皇は近江宮に崩御した。

　翌672年5月、近江朝廷の側に動きが見られる。すなわち「美濃・尾張両国に『陵を造営するので予め人夫を定めよ』と命じ、さらに人ごとに兵器を執らせている」。これを朴井連雄君《えのいのむらじおきみ》が大海人皇子に伝えている。「陵を造るとは思えません。何か事を企んでいると思われます。早くここ吉野より逃れましょう」

　さらに別の情報ももたらされる。「近江京より明日香の旧京に至る路の所々に監視の者がおります。宇治の橋守は、橋を南に渡る皇子の舎人の食糧の荷物を止めております」
大海人皇子はさらに情報を集め、「我が方を討とうとする」ことの真実であることを確信し、「やむを得ず禍《わざわい》が降りかかってくる。どうしてこのまま黙って討たれてよいものか」と吉野を逃れ伊勢に向かうことを決意する。

決起・初動

6月22日、大海人皇子は遂に決起の行動を起こす。村国連《むらくにのむらじ》男依《おより》・和珥部臣《わにべのおおきみ》君手《て》・身毛《むげ》津《つ》君広（いずれも美濃国各務郡武儀郡を本拠とする豪族と考えられる）に、速やかに美濃国に行き、安八磨郡《あはちまのこおり》の湯沐令《ゆのうながし》多臣品治《おおのおみほんじ》に事の次第を告げて、まず「近隣のみこともちらを動員して兵を起こせ、速やかに不破道を塞げ」と指示を与え発たせた。

〈湯沐《ゆ》とは中宮〈皇后〉や東宮〈皇太子〉に支給される食封の一種。食封とは封戸《ふうこ》であり、租の半分と庸調の全部が封主のもとに納入された。湯沐令は、湯沐の地を支配し課税の収納を行った役人で、直接封主とも関わった〉

24日、大分君《おおきだ》恵尺《えさか》・黄書造《きふみのみやつこ》大伴・逢《あう》臣志摩に指示を出す。「明日香旧京の留守居の司高坂王《たかさかのおおきみ》の下に行き駅鈴《うまやのすず》を乞え。もし鈴を得られなければ志摩一人還ってその旨復命せよ。恵尺は馳せて近江へ行け。高市皇子・大津皇子を呼び返して伊勢に合流せよ」と。

鈴の件は不首尾であったが、この日にわかに吉野宮を出立した。皇后讃良皇女は輿に乗って一行に従った。始めより大海人皇子に従った人々は、草壁《くさかべ》皇子・忍壁《おさかべ》皇子・舎人《とねり》朴井《えのい》連雄君・県犬養《あがたいぬかい》連大伴・佐伯連大目・大伴連友国ら20余人、女孺10余人、総勢50人に満たない数であった。

一行は今の吉野町津風呂より宇陀郡榛原、室生村大野を過ぎ夜半に名張駅家《うまや》に至る、昼夜の強行軍である。その間に大伴連馬来田《まぐた》・黄書造大伴が吉野宮より一行に追いついて来る。

屯田司《みたのつかさ》の舎人土師《はじ》連馬手は食糧を携えて、大伴朴本《えのもと》連大国は部下の猟者《かりびと》20余人を引き連れて大海人皇子に合流している。名張駅家、次いで伊賀駅家に至りこれを焚く。伊賀の中山ではその地の郡司らが多数の兵を連れて帰順した。翌25日の夜明けに漸く行軍を停め食事を摂った。阿山郡柘植郷に至って、高市皇子が民直大火《たみのあたいおおひ》・胆香瓦臣安倍《いかごのおみあへ》ら7名を従えて甲賀の鹿深《かふか》を越えてやって来て合流した。一行は漸く総勢80名を超えている。

加太《かぶと》に国境の山を越え伊勢の鈴鹿に至った。国司《くにのみこともち》守三宅連石床《いわとこ》・介《すけ》三輪《みわ》君子首《こびと》・湯沐令田中臣足麻呂《たりまろ》・高田首新家《にいのみ》らが大海人皇子を鈴鹿の郡家に出迎え帰順し、さらに

500の兵を以て鈴鹿の山道、すなわち当時の官道であった加太越を塞いだ。川曲《かわわ》の坂下《さかもと》に至って日が暮れた。皇后に深い疲労の色が見え、仮泊を取る。夜雷雨。鈴鹿関までやって来たという山部王・石川王を、路直益人《ますひと》を遣り徴《ちょう》さしむ。

翌26日、関までやって来たのは実は大津皇子であったと判明。大分君恵尺・難波吉士三綱《なにわのきしみつな》・駒田勝《こまだのすぐり》忍人《おしひと》・山辺君安麻呂・小墾田猪手《おはりだのいて》・泥部眂枳《はずかしべのしき》・大分君《おおきだ》稚臣《わかみ》・根連金身《かねみ》・漆部《ねりべの》友背《ともせ》の9名が皇子に従ってやって来た。この日、初日に美濃へ遣わせた男依が駅馬《はいま》に乗り駆け戻り報告する「美濃の軍兵3000人を起こし、不破関を塞ぐことができました」と。

大海人皇子は、高市皇子をして軍を指揮させるため不破道に派遣した。次いで、東海道諸国の軍兵を徴発させるために山背部小田《やましろべのおだ》・安斗《あと》連阿加布《あかふ》を派遣、信濃の軍兵を起こすために雅桜部《わかさくらべ》臣五百瀬《いおせ》・土師連馬手を東山道に派遣した。大海人皇子は桑名郡家《こおりのみやけ》に本営を置きそこに停《とど》まる。

戦端開く、乱の帰趨

その頃近江朝廷方は、皇太弟が吉野を遁《のが》れ伊勢に入ったという情報を得た。大友皇子は群卿を前に「いかにすべきか」を諮った。ある臣が「あれやこれやと謀っていれば後れを取る。速やかに騎兵を編成して跡を追うに如かじ」と申し上げたが、皇子は採り上げなかった。韋那《いな》公磐鍬《いわすき》・書直薬《ふみのあたいくすり》・忍坂《おしさか》直大摩侶をして東国に遣わせ、穂積《ほづみ》臣百足《ももたり》その弟五百枝《いおえ》・物部首日向《ひむか》を以て大和へ、さらに佐伯連男《おとこ》を筑紫に、樟使主磐手《くすのおみいわて》を吉備国に遣わすことにした。それぞれ軍兵を興さしめるためであった。皇子は男と磐手とに「筑紫大《つくしのおお》宰《みこともち》栗隈王《くりくまのおおきみ》と吉備国守《くにのかみ》当摩《たぎま》公広嶋《ひろしま》と二人はかつて皇太弟に従っていたことがあった。背くことがあるかもしれない。もし命に従わない様子であれば、かまうことはない。殺せ」と宣うた。

　磐手は吉備国に至り、従わぬ国守広嶋を殺す。男は筑紫に至り大宰栗隈王に官符を差し出す。栗隈王の答えて曰く「筑紫国は、海に臨んで城を高く濠を深くして賊の侵寇を防ぎ守ることを承《うけたまわ》っている。内なる賊のためではない。もし今命《おおせごと》を畏《かしこ》みて軍兵を発《おこ》せば筑紫国は空になってしまう。守りを薄くしている間ににわかに何事かあれば国の存亡に拘わる。どうして天皇の御威徳に背くことがありましょうか。たやすく兵を動かさないのはそれこそ筑紫大宰の使命と心得るからなのです」と。栗隈王の左右には彼の二人の子《みこ》が剣を佩《は》き厳重に控えていた。男は使命を果たすことなく空しく還らざるを得なかった。

　不破を越えて東国に向かおうとした韋那公磐鍬・薬・大麻呂三人の首尾はいかがであっ

たか？　不破関は既に大海人皇子方に押さえられており、山中で伏兵に襲われ磐鋤のみ漸く逃れ帰っている。

6月24日、大海人皇子が吉野を発ったその日、吉野から一行を追って合流した大伴連馬来田には弟がいた。その弟吹負《ふけい》は明日香旧京に留まり密かに大海人皇子方に付こうという豪の輩《やから》を集めていた。この吹負が後ほど存分な働きをする。

27日、大海人皇子は高市皇子の要請を承けて不破に入る。そこに尾張国司《くにのみこともち》守小子部《ちいさこべの》連《むらじ》鉏鉤《さひち》が2万の兵を率いて帰順した。高市皇子は昨夜の出来事として、近江方の書直薬・忍坂直大摩侶を伏兵により捕らえたことを報告した。大海人皇子は高市皇子に「近江朝廷方には左右大臣ほか賢い群臣がいて皆に諮って議事を定める。我が方は共に事を計る者がいない。只いとけない子供あるのみ。どうしよう」と宣う。高市皇子はムキになって「天皇独りのみましますと雖《いえど》も、臣高市は神祇の霊威に頼り、天皇の詔を承り諸将を引率《ひき》いて闘います。どうして手向かいうる相手がありましょうか」と申し上げた。大海人皇子は高市を誉めて「ゆめ、怠るでないぞ」と宣う。大海人皇子は野上の行宮《あんぐう》に止まった。

この27日条、尾張国司守鉏鉤の2万の兵を率いた帰順には注意を要する。後の軍防令による軍団が整えられていた時代であればいざ知らず、短期日に2万の動員が可能であったとは考えにくい。さらに鉏鉤は、乱の終息した8月25日以前に山に入って自死している。

大海人皇子は「鉏鉤は有功《いさお》しき者なり。罪無くして何《いか》ぞ自ら死なむ。隠《かくせる》謀《はかりごと》ありしか」と言ったという。

伴信友（1773~1846、国学者・小浜藩士）は「鉏鉤は近江方の命を受け、山陵造営の名目で集めた兵2万を近江に率いて行く途上、不破関で行く手を遮られたためにやむを得ず大海人方に投降した。隙を見て皇子を捕えようと企んでいたが、皇子方はそれを察知して、軍兵を取り上げ諸方に分遣したために機を逸し、近江方の敗北を見て自殺した」ものと推測している。

28日、他方、明日香古京では、密かに古京に留まった大伴連吹負が、古京守衛の一人坂上直《さかのうえ》熊毛《くまけ》・漢直氏族の者数人と謀事をめぐらしていた。すなわち、秦造《はだ》熊《くま》をして騎乗させ飛鳥寺周辺を大音声《だいおんじょう》で「高市皇子が不破よりやって来たぞ。たくさんの軍兵を従えて来たぞ」と呼び廻らせた。時に、飛鳥寺西の槻の広場では古京守衛高坂王及び近江方の使者穂積臣百足らが屯営を造っていて、百足は小墾田《おはりだ》の武器庫より兵器を運びだしているところであった。熊の叫び廻る声を聴いて、兵士共は散り散りに逃げ帰った。そこに大伴連吹負が十数騎の兵士を従えてやって来る。近江方の使者穂積臣百足を捕らえて切り、同様に穂積臣五百枝・物部首日向を捕らえ軍中に置く。さらに古京守衛の高坂王・稚狭王《わかさのおおきみ》を召して軍に従わしむ。これによって明日香周辺を大海人皇子方に置くことになった。吹負は大伴連安麻呂・坂上直老《さかのうえおきな》らを不破行宮に遣わし事の次第を奏上させた。大海人皇子はそれを聞いて喜び、吹負を将軍として取り立てた。さらに、事の情状を知った在地の氏族三輪君高市麻呂・鴨君蝦夷《かものきみえみし》ら、及び豪傑をもって自負する者共が将軍大伴連吹負の麾下に馳せ参じた。彼らは、奈良に軍を進め近江を窺う意図を固めた。

その頃、不破の大海人皇子方には続々と兵が集まっていた。7月2日、大海人皇子は軍を二手に分け、紀臣阿閉麻呂《あへまろ》・多臣品治《ほんじ》・三輪君子首《こびと》・置始連兎《おきそめうさぎ》に万余の軍を授け、伊勢より鈴鹿の山を越え奈良盆地を制圧し近江へ向かわせる。他方、村国連男依・書首根麻呂・和珥部《わにべ》臣君手《きみて》・胆香瓦《いかご》臣安倍《あへ》に、同じく万余の兵を以て不破より直接近江に入り直に近江朝廷軍を攻めさせることとした。さらに近江からの抜け道、甲賀の油日越え倉歴《くらふ》に田中臣足麻呂を、伊賀莿萩野《たらの》に多臣品治を置き押さえとした。

他方、近江朝廷方は山部王・蘇我臣果安《はたやす》・巨勢《こせ》臣比等《ひと》をして不破を衝かせる万余の軍を進発させるが、犬上川の辺で内訌を起こし山部王が殺され、これに関わった蘇我臣果安は自殺し軍は停滞、また、その陣中より羽田《はた》公矢国《やくに》その子大人《うし》らが大海人皇子方に帰順した。別動の騎兵が近江・美濃境の醒井《さめがい》辺りまで進出してきたが、出雲臣狛《こま》を遣って撃退させた。

7月1日、大伴連吹負が乃楽山《ならやま》に軍を進めていた時、「河内方面より多くの軍勢がやって来る」という情報を得た。すなわち、生駒の竜田道を防がしめるために坂本臣財《たから》・長尾直真墨《ますみ》・倉墻《くらかき》直麻呂らに300の兵を以て遣わし、佐味君少麻呂を遣わして葛城の逢坂を、鴨《かも》君蝦夷《えみし》を遣わして二上山北の石手道《いわてのみち》を守らしめた。財らは「近江方の兵が高安城《たかやすのき》の糧食を掠めようとしている」と聞きこれを攻め降した。翌2日、高安城より西の方を望見すると大津・丹比《たじひ》両道より多くの軍兵が向かって来る。近江方の将壱伎史韓国《いきのふびとからくに》の軍勢であった。財らは高安城を降り大和川・石川の合流する辺りで韓国の軍と戦った。財等の軍は寡少で防ぐ能わずして懼坂道《かしこのさかのみち》の峠に退く。

4日、近江朝廷軍は西方より諸道を通じて益々多くやって来る。財らはさらに退く。この日、将軍吹負は　近江方の将大野果安《はたやす》の軍と乃楽山に戦い打ち破られ一二《ひとりふたり》の騎馬兵と共に辛くも落ちて行った。途中、9日になって、宇陀の榛原辺りで置始連兎の軍とたまたま出会う。合流の後、金綱井《かなづなのい》に屯営して散り散りになった兵共を掻き集め立て直しを図る。他方、近江の将果安は、追撃し明日香古京に至らんとしたが、楯を立て堅く守る伏兵を見て引き返した。

5日、近江方の将田辺小隅《たなべのおすみ》が別働隊を率いて、甲賀より密かに鹿深山を越え倉歴の田中臣足麻呂の陣を襲いこれを破った。小隅はさらに6日、莿萩野の営を襲おうとして迫ったが多臣品治は却ってこれを撃退した。小隅は独り逃げ失せた模様。

7日、大海人皇子方主力、村国男依らの軍は息長《おきなが》の横河に近江軍と戦いこれを撃破。敵将境部連薬《さいかべのむらじくすり》を斬る。この日、伊勢より鈴鹿の山越えに大和を目指す紀臣阿閉麻呂らのもとに大伴連吹負の敗戦の報がもたらされ、急ぎ置始連兎に1000余の騎兵を率いさせ救援に向かわせた。

9日、男依ら主力軍　鳥籠山《とこのやま》に近江軍を撃つ。

13日、男依らは野洲川の辺りに近江軍と戦い大いに破る。

18日、栗太《くりた》の近江軍を撃つ。さらに追って、22日、男依らは瀬田川に至った。

大友皇子をはじめとする近江方の主力は橋の西方に陣を構える。瀬田の橋は真ん中を切って落とされそこに綱を付けた長板が渡してある。もし板を踏んで渡ろうとする者があればその綱を引いて川に落としてしまおうというものであった。

ここに勇敢な士、大分君稚臣《おおきだのきみわかみ》という者がいて、鎧を重ね着して射られながら板を渡り綱を素早く断ち敵陣に斬り込む。多くの兵が彼に続いた。近江方は敗れ大友皇子・左右大臣たちはわずかに逃げ伸びることができた。

この日、羽田公矢国《はたやくに》と出雲臣狛は力を合わせ、湖北高島郡の三尾城《みおのき》を攻め落としている。これにより近江方が琵琶湖の北岸を伝って越前方面に逃れる途は塞がれた。

23日、男依ら、近江の将、犬養連五十君《いぬかいのむらじいきみ》・谷直塩手《しおて》を粟津の市に斬る。

この間（9日～21日）置始連兎らは紀臣阿閉麻呂・三輪君子首らと合流し、西から逢坂道を迫り来る近江朝廷軍を迎え撃つために道を急いだ。当麻《たぎま》に至って壱伎史韓国の軍と遭遇し戦いこれを退けた。ここに至って大海人軍に馳せ参じる者多く、明日香より上中下《かみなかしも》ツ道の３軍に分けて屯営しさらに北を窺う。この時大伴吹負は中ツ道にあった。ここに、近江の将犬養連五十君は中ツ道より廬井《いおい》造鯨に２００の精兵を授けて吹負の本営を衝かせた。吹負軍は寡兵ながら矢を射浴びせて応戦した。同じ時に上ツ道では三輪君高市麻呂・置始連兎が箸墓の辺りに近江軍と戦っていた。大いに近江軍を破り、勢いに乗じて中ツ道の廬井造鯨軍の後ろに廻り退路を断った。鯨の軍は散々に打たれ、鯨一人白馬《あおうま》に乗り這々《ほうほう》の呈で逃げ帰った。これより以降、近江軍は遂に大和に攻め入ることはなかった。

22日、大和盆地は平定され、将軍吹負は上中下の三つの道に軍を分けて山崎に向けて進め、さらに別軍を率いて香芝の大坂より穴虫越を越え河内・難波を平定し上町台地に在った小郡に留まった。次いで、以西の国々の国司らに令して官鑰《かぎ》・駅鈴《すず》・伝印《つたいのしるし》を差し出させた。

ここに至って、大友皇子は何処にも逃れ入る所を失い、23日、山崎に至って自ら首を括った。

24日、諸将は近江大津宮辺りに参集し、逃散していた左右大臣他群臣を捜しこれを捕縛。

26日、諸将ともども不破の本営に帰陣し、大海人皇子に大友皇子の首を捧献した。

乱後の処罰として、右大臣中臣連金のみを極刑に、左大臣蘇我臣赤兄・御史大夫巨勢臣比等、及びそれらの子孫は流刑に処せられた。

勝敗の要因、乱後

乱は、大海人皇子が吉野を脱出した6月22日より、わずか1ヶ月で決着した。戦略において大海人皇子方が常に先んじたことが勝利の一つの要因であった。

大海人皇子は挙兵に際し、美濃・信濃より、とりわけ尾張より2万もの呼応の兵を得ることができた。これは伊香瓦氏・安曇氏・尾張氏といった近江や越の有力氏族の支持を得たことになるが、あるいは彼が凡海《おおしあま》氏に養育されたことと関りがあるかもしれない。海部氏凡海氏は航海技術に長け海上交通を掌握した氏族として知られ、安曇氏・尾張氏はそれらに近い氏族であった。初動における湯沐令《ゆのうながし》多臣品治《おおのおみほんじ》の働きも大きな影響を与えている。東宮であった大海人と多品治とは予め昵懇《じっこん》であったと考えられ、大海人皇子を経済的に支えてきた一人であった。

しかしながら、近江朝廷側が壱伎史韓国の軍以外、吉備からも筑紫からも西国のどこからも援軍を得られなかったことが大きく作用したと見なければならない。

民や地方氏族は、先帝天智天皇の、防衛体制構築のための土木工事や防人の制度に見る専制政治に表象される冷徹・酷薄の治世を見ていた。故に近江朝廷に対する一般豪族層の反感が強く顕れたものだろう。

既にいわれている通り、中大兄皇子は、645年孝徳天皇即位に際して皇太子になり、孝徳・斉明両天皇の治世、さらに称制の6年間を含めて22年もの間皇太子の地位のまま政を執った。それはその間、緊迫した時勢であったこともさることながら、蘇我氏を打倒し有間皇子を葬ったことにより有力氏族の間に暗黙の反感があったことが即位の妨げになっていたのではなかろうか。

さらに注目すべきは、乱後の大海人皇子の政権である。皇子は乱の翌年（673年）即位した。天武天皇である。乱により近江朝廷の左右大臣・御史大夫以下群臣はことごとく排除され、天皇による親政が実現された。それを補佐したのはもっぱら菟野皇后であり、後に草壁・高市の皇子が天皇を支える。臣下では天武天皇10年（681）「浄御原令を定めよ」「帝紀及び上古の諸事を記し定めよ」とする詔を発したことに関して登用された中臣連大嶋・平群臣子首《こびと》らの名前が見える程度であった。藤原不比等の名はなおしばらく見ることはない。

書紀の構成を探る

書紀は大和旧京での吹負の軍の戦闘の記事の後に、高市郡大領高市県主許梅《こめ》の神憑りの記事を載せる。許梅に懸った神は「吾は高市社《たけちのやしろ》に居る、名は事代主神《ことしろぬし》なり。又身狭《むさ》社に居る、名は生霊神《いくみたま》なり」「神日本磐余彦天皇《かむやまといはれひこ》（神武天皇）の陵《みささぎ》に、馬及び種種《くさぐさ》の兵器《つはもの》を奉れ」「吾は皇御孫命《すめみまのみこと》の前後に立ちて不破に送り奉《まつ》りて還《かへ》る。今もまた官軍《みいくさ》の中に立ちて守護《まも》りまつる」と言った、という。

この記事は、壬申の乱における大海人皇子の挙兵を、神も擁護する正統な皇嗣権の発動とする書紀編者の作為と考えられる。ここで注意を要するのは「神武天皇の陵に馬と兵器を奉れ」とあることで、（書紀編纂の）７世紀後半の時点で皇統の初代を神武天皇とし、神武天皇陵を認識していることである。

現代に生きる我々は「神話の中の架空の天皇の陵は在り得ないのではないか」と考えてしまうが、そうでもない。神話の中の架空の話であっても神話そのものの中に史実の種を宿しているとすべきであろう。史実についての記憶の痕跡が神話を生み出している、とするならば、いつ神武天皇陵＝延喜諸陵式にいう畝傍《うねび》山東北陵が確定したかが問題となるだろう。想像をたくましくしていえば、7世紀初め書紀の元となる『帝紀』の編纂が始められたころ、言伝えを基にして「どの古墳が何時のどの天皇の陵か」を選定する作業が行われた（あるいは言伝えの中で既知であった）のでないかと考えるのである。

日本書紀の構成について岩波文庫『日本書紀』㈡の補注（井上光貞氏ら）より要約する。

書紀は、神武天皇と崇神天皇とに同じくハツクニシラススメラミコトの称号を与えている。

神武天皇は、九州高千穂より東征して河内に至り大和に入ろうとして長髄彦《ながすねひこ》と戦って敗れ、日に向かって征討する非をさとって海路熊野に迂回し、やがて宇陀より昇る朝日を背にして大和に入り再び長髄彦と戦いこれを征し、磐余《いわれ》に宮を置いた。以上が神話すなわち伝承の根幹であろう。

崇神天皇は大和の磯《し》城《き》の瑞籬《みずがき》に宮を置き神祇を敬い国を治めようとしたが、疾病が蔓延《はや》り多くの百姓が流浪し死ぬ者が多かった。そこで卜占によって大物主神《おおものぬし》を太田田根子《おおたたねこ》に託《つ》けて祀り、天照大神・倭大国魂神《やまとおおくにたまのかみ》にそれぞれ豊鍬入姫《とよすき》・市磯長尾市《いちきのながおち》を祝主《いわいぬし》として託けて祀らせようやく安寧を得た。また大彦命《おおひこ》を北陸に、武渟川別《たけぬなかわわけ》を東海に、吉備津彦《きびつひこ》を西道に、丹波道主命《たんばのみちぬし》を丹波に派遣し（四道将軍の派遣）、それぞれ僻地を征定して帰還した。またその治世に武埴安彦《たけはにやすひこ》・出雲振根《いずもふるね》の謀反があったがそれぞれ鎮圧され平らかな世となった。以上が崇神天皇の治世である。

畝傍山の麓辺りと大神《おおみわ》神社の北辺り（箸墓古墳をはじめとする纒向《まきむく》古墳群の地でもある）とに、それぞれの地の氏族がハックニシラススメラミコト（最初の大王）の伝承を伝えていたものであろう。

『古事記』は崇神天皇にのみハックニシラススメラミコトとしての称号を伝えている。古事記はより素朴な形で神代の系譜を伝えているのに対して、書紀は皇統の系譜を崇神天皇よりさらに遡って神武天皇に繋げている。これによって神武にもハックニシラススメラミコトの称号を付与している。神武天皇は遡れば邇邇芸命《ににぎ》にさらに遡れば天照大神に繋がっていく。そこに書紀の意図がある。

崇神天皇以降、皇統は垂仁・景行・成務・仲哀・応神と伝えられていくが、書紀は応神の前に神功皇后紀を置く。仲哀・神功紀の中心をなすのは神功皇后《じんぐう》（息長足姫《おきながたらしひめ》）の「新羅征討物語」である。

仲哀天皇・神功皇后が筑紫において熊襲を平定しようとしたある時、皇后に神がかかり天皇に教えた。「熊襲の国は空しく伐つに足らない。神を祭って西方海を渡って行けば宝の国新羅を得ることができる」と託宣した。しかし仲哀天皇はこれを疑って信ぜずにわかに亡くなった。皇后は再度神を寄せて神の名を問うた。神々は天照大神や住吉三神（表筒男《うわつつのお》・中筒男・底《そこ》筒男）などであった。皇后は既に応神を身籠っていたが、神の教えのままにこれらの神を祀り海を渡った。遠征はたやすく成功し、新羅は降り、高句麗・百済も服した。皇后は筑紫に凱旋し、応神天皇を産んだ。皇后は都への帰還の途に就いたが、朝廷には応神の異母兄の麛坂王《かごさかのみこ》・忍熊《おしくま》王らがあって、吉師祖《きしのおや》らを将として皇后方を討とうとした。しかし忍熊王らは戦に敗れ王は瀬田に沈んだ。皇后は摂政のまま69年の治世を過ごし、跡を応神天皇が継いだという。

書紀が示す景行天皇より応神天皇に至る系譜は以下のように示される。

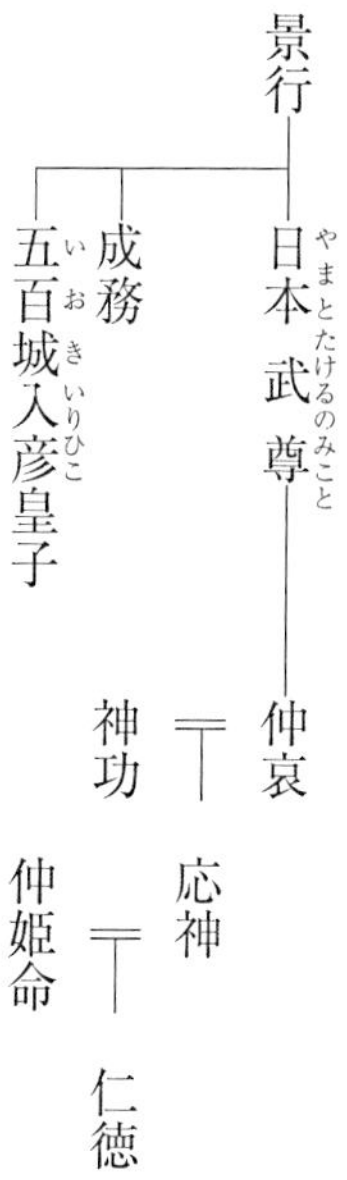

ワカタラシヒコという和風諡号や抽象的な書紀の叙述より成務天皇の実在性は乏しく、成務は景行の分身として歴代に加えられた疑いが濃い。さらに日本武尊・神功皇后の説話

が取り入れられ架空の仲哀天皇を加え父子相承の皇統が組まれたものと井上光貞氏は推測する（日本武尊・成務・仲哀・神功の４人は伝承のみの架空の存在と捉える）。さらに景行天皇以後の本来の帝紀は、古い系図を詳細に検討するに、

景行—五百城入彦皇子—品陀真若《ほんだまわか》王—仲姫命
　　　　　　　　　　　　　　　　　　　　║—仁徳
　　　　　　　　　　　　　　　　　　応神

であったと推測している。そしてこの系譜の意味するところは、応神が外からやって来て皇統を継いだということである。このように見れば、応神天皇は４世紀半ばより５世紀初頭にかけて盛んに行われた対朝鮮経営の中で現れて来た新しい王朝の始祖であったと見ることができる。旧辞・帝紀や記紀はこの事実を隠蔽するためばかりでなく、応神の出現を荘厳化するために玄界灘の海神の祭儀における若神の誕生としてその出生を語ろうとしたのではないだろうか。であればこそ応神が筑紫に生まれ大和の麛坂王・忍熊王らと戦いこれを退け、皇位に就いたとするのはより史実の本質を示しているのではなかろうか、と補注には記されている。

応神陵仁徳陵が先行する箸墓古墳に代表される纏向古墳群より規模が大きく、河内にあることも関連して思い合わされる。

第四章

大津皇子

大津皇子とは

古代では、皇統の純血性を高める意識からか、近親婚が盛んに行われている。

書紀によれば、天智天皇と天武天皇とは、父・舒明天皇、母・宝皇女《たからのひめみこ》（皇極重祚斉明）とする同母の兄弟である。天智天皇の生年は推古天皇34年（626）とする記述があるが、天武天皇のそれは不明であり、天武の方が年上ではないかと考える説も出されている。けれども先に述べたように、大海人皇子（天武）が弟であるとする方がより自然である。

天智天皇は、蘇我倉山田石川麻呂《そがのくらやまだのいしかわまろ》の娘、遠智娘子《おちのいらつめ》を入れて、二人の皇女、大田皇女と兎《う》野讃良《ののさららの》皇女をもうけた。この両皇女は弟君である大海人皇子に揃って嫁いでいる。

660年7月、唐・新羅《しらぎ》の連合軍に攻められ百済《くだら》が滅び、百済の遺臣鬼室福信《きしつふくしん》の救援要請を承けて、斉明天皇は12月、中大兄皇太子・大海人皇子ほか群臣を引き連れて難波津を発ち筑紫に向かった。661年1月一行が大伯海《おおくのうみ》に在ったとき大海人の妃、大田皇女が女児を出生した。大伯皇女である。

3月25日、一行は娜大津《なのおおつ》（博多港）に到着。5月、朝倉 橘広庭宮《たちばなのひろにわのみや》を設け天皇は遷った。7月、この慌ただしさの最中、斉明天皇は急逝した。11月中大兄皇太子は天皇の遺骸を飛鳥河辺行宮《かわらのかりみや》に移した後、慌しく娜大津に戻り、派遣すべき軍の編成を続けた。

大津皇子の名は、生まれた地名、娜大津に因んでいる。亡くなった年の齢より類推して662年に娜大津に出生したのであろう。

草壁皇子は、大海人皇子を父に菟野讃良皇女を母に生まれた。天智天皇元年誕生とあるので大津と同じく662年である。書紀は草壁皇子を長子とするが『懐風藻』は大津を長子としている。どちらともいえないようである。

（天武天皇の皇子の中に高市皇子がある。この二人より8歳年長と思われ、672年の壬申の乱では父を助けて大いに活躍するのであるが、その母は地方の祭祀氏族、胸形君徳善《むなかたのきみとくぜん》の娘尼子娘《あまこのいらつめ》であり皇位継承のうえからはこの二人に比べれば問題にされていなかった）

皇子たちの盟い

天武天皇8（679）年5月5日のことである。

天皇と皇后は、草壁、大津、高市、河嶋、忍壁《おさかべ》、芝基《しき》の6人の皇子を連れて吉野宮においでになった。山々の深い緑が間近に光っている。宮の広庭である。

「私は、汝らとこの広庭に、わが後の治世が千載にわたって平穏に続くことを願って盟《ちか》いを新たにしたい。いかに」と天皇は宣う。

「まさに顕《あきら》かであります」皇子たちは声を揃えて答えた。

草壁皇子がまず進み出て申し上げた。

「天神地祇及び天皇に誓って申し上げます。我ら十余名の皇子と王と、各々母は違えども、等しく天皇の勅に随《したが》って扶《たす》け合い、逆らうことは決してありません。もしこの盟いに背くようなことがあれば身命は滅び、子孫は絶えるでしょう。忘れません。罪を犯しません」

残りの5人の皇子たちも次々と草壁皇子と同様に盟いを陳《の》べた。それらをお聞きになって、天皇は「わが皇子ども、各々母を違えて生まれたが、只今よりは一人の母から生まれた兄弟のように慈しみを与えよう」と宣いて、胸襟を開いて6人をお抱きになった。

「もしこの盟いに違えば忽ちに我が身は滅びるだろう」と宣った。

この光景を見守っていた皇后も、天皇と同様に盟いをお立てになった。

(書紀は、天武天皇の皇子として10人の名を載せるが、この盟約に参加したのは4名である。残りの皇子らはこの時点で未成年であったと思われる。尚、河嶋皇子、芝基皇子は天智天皇の皇子であった)

天武天皇10年(681)2月25日、天皇は「浄御原律令」の編纂を始めるよう命じた。さらにこの日、草壁皇子を立てて皇太子とした。

天武天皇12年（683）2月1日、大津皇子、初めて朝政を聴《きこ》しめす。

謀反はあったのか

天武天皇の崩御は、この大津執政の3年余り後の朱鳥《あかみとり》元年（686）9月9日のことである。続いて書紀の記述は「9月24日大津皇子、皇太子を謀反《かたぶ》けむとす」と、天武天皇の殯宮《もがりのみや》の準備の最中の慌ただしさのなかに唐突に事件を伝える。

次いで、10月2日大津皇子を捕縛。同時に欺かれた共犯者として八口朝臣音橿《やぐちのあそみおとかし》、壱岐《いき》連博徳《はかとく》ら30余人を捕らえている。翌3日、大津皇子は死を賜った。訳語田《おさだ》の自邸に縊《くび》られている。妃の山辺皇女は、髪を乱し素足で外に奔り出て殉死したと伝える。

舎人《とねり》の礪杵道作《ときのみちつくり》らのみを伊豆に流し、他の共犯の者は皇子に欺かれたものとして、皆赦されている。教唆によって皇子を惑わした新羅沙門行心《こうじん》は「罪を加えるに忍びず」として、飛騨国の伽藍に移されている。

以上が書紀の伝える事の顛末であるが、甚だ要領を得ない。

我が国最初の漢詩集である『懐風藻』(編者不詳)は、河嶋皇子、大津皇子の詩を載せるが、この事件について言及している。
すなわち、事が顕らかになったのは河嶋皇子の告発によったことを明らかにしている。
河嶋皇子について『懐風藻』は、
志懐温裕、局量弘雅、即ち、心やふところは穏やかで広く、大らかにして典雅な人柄であったと形容している。大津皇子と莫逆《ばくぎゃく》の契りを結び、即ち、逆らうことのない何でも語り合える親友として接していたが、大津が謀反を企てるに及んで、河嶋皇子はそれを密告した。朝廷では河嶋皇子の忠誠を賞したが、朋友たちは情誼の薄い者と見ている。識者はまだ河嶋皇子の行いの是非を明らかにしていない。が私(懐風藻編者)が思うには、私情を捨てて公に仕えるのは忠臣として誉められるべきことであり、君や親に背いてまで私情を守ることは背徳の者どもの仕業であると考える。けれども、友と言い争ってでもその非を正す努力も為すことなしに、友大津を非常に苦しい立場に陥れたことに対しては「どうであったか」と疑う。
以上のように書いている。
また、大津皇子については、
天武天皇の長子なり。状貌魁梧、器宇峻遠、すなわち、丈高く優れた容貌で、度量も秀で志は厳しく遠い。幼年より学問を好み、博覧にして文章を綴るのに長けていた。青年になると武術を好み、力も強く剣を執っては稽古に励んだ。生来、規律に縛られることに頓着せず、目下の者であっても才能有る者やつわものに対して節を下して接した。これによって多くの人が彼を慕って頼みとした。

ある時、天文や卜筮に長けた新羅の僧行心という者があった。大津皇子を見て「太子の骨法（人相・頭骨・骨格）を見るに、臣下の相ではありません。久しく君の臣として下位に甘んずれば、恐らくはその身を全うできないでしょう」と告げた。皇子はこの惑わしの言に迷って良からぬことを考え、遂に謀反を図るに及んだ。

大変、惜しいことであった。かの優れた才能を内に包んで、忠孝を旨に身を保てば為すことが多かったであろうに、この邪《よこしま》な小者に近づいたために終に死罪に処せられ自ら生命を閉じてしまわれた。

以上のように述べている。

この事件については、古来、様々な疑惑が呈されてきた。

一般的な例として、普通は天武天皇の崩御を承けて、ただちに皇太子草壁皇子が践祚《せんそ》（天皇の位に就くこと）されて然るべきであった。が、実際は翌６８７年１年間天武天皇の喪に服し、さらに翌々年の６８８年11月、ようやくにして故天皇が大内陵に埋葬されたその時点であっても、皇太子は即位せず、皇后が実際の政を執っていた。そうこうするうちに持統天皇称制前紀3年（689）5月13日皇太子草壁皇子は玉座に就くことなく亡くなった。御歳27歳であった。

大津皇子は、天武・持統の両天皇の意向によって消されたのではないか？　という疑惑が浮かび上がってくる。草壁皇子は両天皇のたった一人の男子であった。大津皇子は系図に見る通り、持統天皇の同母姉である大田皇女の男子であった。大田皇女は早くに亡くなり、大津皇子は有力な後ろ盾を持たないものの皇位継承の順では草壁と同格であった。

おそらく、天武天皇は、まず草壁皇子を皇太子に立て政を見させ、次いで大津皇子にも政を見させその能力を測ったのであろう。草壁の皇位継承は既定のことであり揺るがない。けれども、大津の能力は高く、しかも君を補佐する立場を全うできるような性格ではない、というような疑念が天皇・皇后の脳裏に浮かんだとしても不思議ではない。

大津皇子と河嶋皇子とは仲が良く、二人の屈託のない会話の中では、ことが政に及べば大津は「私ならこんなことがしてみたい」「こうすればもっとうまくできる」「あの処置はどうであったか」といった程度の会話をしたであろうに、いささか無警戒であったのかもしれない。

結果として、大津皇子は突然捕縛され、何が何だか分からないままに、謀反の罪を着せられ死地に赴くことになってしまった。

しかもこの事件で、大津皇子に連座して罪を問われた者は小者の舎人礪杵道作のみ（伊豆に流された）である。謀反を根拠のないものとする疑惑はさらに深まり行く。

大津皇子は天智天皇に愛されたという。天武・持統の両天皇に愛されなかった、もっといえば、疎んぜられたということが大きく作用したと思わざるを得ない。

大津皇子の母大田皇女は、早くに天智天皇6年（667）頃亡くなっている。大伯皇女7歳、大津皇子5歳のことであった。

大伯皇女は、伊勢神宮の斎宮として天武天皇3年（674）10月伊勢に赴いた。そして大津皇子賜死の後、686年11月伊勢より都に召還されている。

大津皇子の詩歌

大津皇子は、また、詩藻豊かな方であった。『万葉集』『懐風藻』に多くを載せている。

『万葉集』より

あしひきの　山の雫《しずく》に妹《いも》待つと　わが立ち濡れし　山の雫に　（巻2－107）

吾《あ》を待つと　君が濡れけむ　あしひきの　山の雫に　成らましものを　（巻2－108）

返歌　石川郎女《いしかわのいらつめ》

いつの頃の歌であろうか？　初々しい相聞の歌である。

ももづたふ　磐余《いわれ》の池に　鳴く鴨を　今日のみ見てや　雲隠りなむ　（巻3－6）

うつそみの　人なる我や　明日よりは　二上山を弟背《いろせ》と我が見む　（巻2－165）

磯の上に　生ふる馬酔木《あしび》を手折らめど　見すべき君が在りと言はなくに　（巻2－166）

3－6は大津皇子の辞世の作、2－165、166は皇子の屍を二上山に移し葬るにあたって大伯皇女の詠んだ歌である。皇子の悲劇とともに繰り返し多くの人々の哀切の涙を誘った歌であったであろう。

『懐風藻』より

述　志　　志を述ぶ

天紙風筆画雲鶴　　天の紙に風を筆にして雲鶴を画き
山機霜杼織葉錦　　山を機織りの機械に霜を杼にして木の葉の錦を織る

（七言絶句の前二句のみで未完であるに拘らず取り上げられていることに注目すべきか）

遊猟　　猟に遊ぶ

朝択三能士　暮開万騎莚　　朝に三人の能士を択《えら》び　暮《ゆうべ》に莚《むしろ》を敷いて万騎の宴を張る
喫臠倶豁矣　傾盞共陶然　　切り身の肉を喰らい倶《とも》に打ち解け　盃を傾けて共に良い気分
月弓輝谷裏　雲旌張嶺前　　月は谷間に輝き　千切れ雲が山々の頂に懸っている
曦光已隠山　壮士且留連　　日の光は既に山に隠れているが　壮士は尚暫く飲み続けている

臨終

金烏臨西舎　鼓声催短命　　太陽は西の地平に沈もうとしている　鼓の音は短命

を催《うなが》している

泉路無賓主　此夕誰家向

黄泉に赴く道には客も主も無く　此の夕べに誰の家
に向かおうというのか

（この詩は皇子の心情を思い遣り後世仮託して作られたものと考えられている）

新羅僧行心の言葉は罪が深い。それを聞かされた大津の心の動きを思わなかったのだろうか？　また、同じく草壁の親、すなわち天武・持統両天皇が、その行心の言葉を伝え聞いたとすれば、どういう行動を取っただろうか？　想像すべきであった。大津に、忠孝を旨に身を慎むべく忠告を与えるのが行心の取るべき途であった。

先立つ歴史を見れば、山背大兄皇子・古人大兄皇子・有間皇子らが同様にして皇位継承の争いの中で命を落としている。さらに、後の歴史を見ても、淳仁天皇（淡路廃帝）・井上内親王とその子他戸《おさべ》皇子の悲劇（光仁天皇を呪詛したとして皇后・皇太子の位を廃された）が続く。以降、藤原氏諸家の権力争いの中で同様の悲劇が繰り返されていく。平穏のうちに皇位を承け継いでいく制度を持たなかったが故の結果であった。あるいは、目的を達するために権謀術数をめぐらし人を罪に陥れるのは、むしろ人間の性というべきか。

皇子の墓（奈良県葛城市）のある二上山《ふたかみやま》（図9、10）への登山口の一つ加守の葛木倭文坐《かつらぎしとりにいます》

図９　大津皇子の墓

図10　当麻寺より眺める二上山

天羽雷命《あめのはいかづちのみこと》神社の脇に加守《かもり》廃寺の跡がある。加守とは掃守《かもり》のことで、宮中の掃除や儀式に際して座席などの設営に奉仕した職・部民（＝隷属民）を指す。加守廃寺は大津皇子の霊を鎮めるために置かれ、掃守部の民が寺を維持したと伝えられてきた。近年廃寺の調査によってその本堂が六角形であったことが明らかにされ、鎮魂のために建てられたことが顕らかになったという（小笠原好彦氏）。六角形・八角形の御堂は鎮魂のための廟であるとされる。

第五章

神祇と政　律令制の構造

冠位の制定と変遷

推古天皇31年(623)に、遣隋使留学生として中国に渡り、唐の建国・草創期に立会った薬恵日《くすし》らが帰朝した。恵日は建国後間もない唐の姿を目の当たりにして「大唐は法式備わり定まれる珍《たから》の国なり、常に通ふべし」と報告している。

降《くだ》って大化2年(645)正月「昔在《むかし》の天皇等の立てたまへる子代《このしろ》の民、処処の屯倉《みやけ》及び、別には臣・連・伴造・国造・村首《おびと》の所有《たもて》る部曲《かき》の民、処処の田荘《たどころ》を罷《や》めよ、仍《よ》りて食封《へひと》を大夫《まえつぎみ》より以上に賜ふこと各差《しな》有らむ、降《くだ》りて布帛《きぬ》を以て官人・百姓に賜ふこと差有らむ……」と改新の詔を発した。これを主導したのは中大兄皇太子に相違なかろう。

詔の意図するところは、旧来の諸氏族諸王族が個別に所有していた田荘・屯倉の土地とその持てる手工業の生産技術をも含めて囲っていた私有民を天皇王権に返上させる、その替わりに食封(稲・徭役)を支給する、というものである。中大兄の胸中にあったものは、唐の姿、すなわち、法制を整備し国土と民を天皇一人の王権のもとに一元的に支配する、中央集権の国家像であった。その国家像の実現に向けて、向後律令が整えられ、戸籍が造られ班田収授の税制、及び軍制が行われ、神祇と政の関わり・中央の行政組織、官僚の冠位・礼式・服制などが徐々に整えられていった。

冠位は、推古天皇11年（603）12月に初めて定められている。「大徳」以下の十二階で朝服の色を以って識別した。畿内を中心にごく狭い範囲に行われ、定期的であったのか不定期であったのかは不明ながら、この後40年にわたって功績のあった臣に授けられたようである。

大化3年（647）「初位建武」を加え十三階とした。さらに大化5年（649）に十九階に、天智3年（664）に二十六階に改められている。

そして天武天皇14年（685）には、皇子・諸王の位階として明位・浄位十二階を新たに加え、諸臣の位は「正大壱」以下四十八階とした。

最終的に、大宝令あるいは天平元年の養老令において、皇子・諸王の位は一品《ほん》以下四品まで、諸臣の位は三十階に落ち着く（98ページ表1）。

ただ、注意を要するのは、諸臣の位は京及び畿内の官僚を対象にしたもので、畿外の地方官は「外《げ》正五位上」以下「外少初位下」まで外官と呼ばれる冠位に甘んじていた。内位の五位以上の殿上人となることは例外中の例外であった。

律令の官職制は「二官八省一台五衛府」と称されるが、それぞれの職《しき》・司《つかさ》・寮などの

表1　冠位・位階の変遷（岩波文庫『日本書紀』(五) 付表に加筆）

推古11年（603）				大徳　小徳 ／ 大仁　小仁	大礼　小礼
大化3年（647）	大織　小織	大繡　小繡	大紫　小紫	大錦　小錦	大青
	深紫（織物）	深紫（縫物）	浅紫	真緋（朱）	深緑
大化5年（649）	大織　小織	大繡　小繡	大紫　小紫	大花上　大花下　小花上　小花下	大山上　大山下
天智3年（664）	大織　小織	大縫　小縫	大紫　小紫	大錦上　大錦中　大錦下　小錦上　小錦中　小錦下	大山上　大山中　大山下
天武14年（685）	明 ／ 正 大壱　広壱　大弐　広弐　大参　広参　大肆　広肆			浄 ／ 直 大壱　広壱　大弐　広弐　大参　広参　大肆　広肆	勤 大壱　広壱　大弐　広弐　大参　広参　大肆　広肆
大宝令	一品 ／ 正一位　従一位	二品 ／ 正二位　従二位	三品 ／ 正三位　従三位	四品 ／ 正四位上　正四位下　従四位上　従四位下　正五位上　正五位下　従五位上　従五位下	正六位上　正六位下　従六位上　従六位下

	小智　大智｜小義　大義	小信　大信
建武（初位立身）	小黒　大黒	小青
	緑	
立身	小乙下　小乙上　大乙下　大乙上	小山下　小山上
小建　大建	小乙下　小乙中　小乙上　大乙下　大乙中　大乙上	小山下　小山中　小山上
進 広肆 大肆 広参 大参 広弐 大弐 広壱 大壱	追 広肆 大肆 広参 大参 広弐 大弐 広壱 大壱	務 広肆 大肆 広参 大参 広弐 大弐 広壱 大壱
少初位下　少初位上　大初位下　大初位上	従八位下　従八位上　正八位下　正八位上	従七位下　従七位上　正七位下　正七位上

長官・次官の職は、例えば式部省の長官「卿」は正四位下相当というように決められていたので、位階は端的に身分、さらにその中での序列を表していた。

他方、官位の昇叙について持統天皇は4年(690)4月、考仕令の内容を述べている。「位階の昇叙は勤務日数・評定・適否・功績・氏姓の高下によって、有位者は6年、位のない者は7年を限って行え。勤務日数の上上・上中・上下・中上・中中・中下・下上・下中・下下の9等のうち、上位5等の者のみ階を進める対象とする。……」

これに従えば、20歳で初任大初位上に叙位され、40年間官僚としていかに優秀に真面目に勤務したとしても、6年一考査、6階昇叙できたのみであり、従七位上に上り得たに過ぎない。到底それのみでは食えない地下《じげ》の官僚であった。

それればかりではない。「蔭位《おんい》の制」というものがあった。

諸王皇族、高位の貴族の子息を優遇するもので、皇子の子であれば従四位下に、諸王の子であれば従五位下に初任にして叙する、諸臣であれば一位の嫡子は従五位下に、正二位は正六位上、従二位は正六位下、従五位の嫡子は従八位上に、それぞれ12階を下して叙する、というものであった(庶子の場合はさらに1階下げる)。

高位の殿上人を優遇する制度であったが、それにしても、規則の通りに昇叙が行われれば子孫は決して親の地位まで登ることはできなかった。ひたすら人を貶《おとし》める硬直的な身分制度といわざるを得ない。

これらのことの意味するところは、天皇の位を無窮の最上位に押し上げることであり、次いで人臣の階梯を際限なく広げ、親王・皇族と一握りの殿上人の身分をいやがうえにも押し上げることであった。

この大宝養老令をもって定着した位階制度は、爾後、律令制政治が形骸化し武士の世となった後も、すなわち、叙位・除目（官職の任命）が公家の唯一の仕事となった後も、身分制社会の指標として（あるいは形骸として）明治維新にまで生き残った。近世末に至るまで正式の文書における署名は仮名《けみょう》すなわち姓と官職とを記し実名（諱《いみな》）を記すことはなかった。否、それ以降の明治旧憲法においても公侯伯子男の爵位はあり、戸籍に華族・士族・平民・それ以下の別があり、古代律令制によって現出された身分制社会は現憲法制定に至るまでの世に生き続けてきたことは銘記せられねばならない。

八色の姓

天武天皇13年（684）10月「諸氏《もろもろのうじ》の族姓《かばね》を改めて八色《やくさ》の姓を作りて天下の万姓《よろづのかばね》を混《まろか》

す」と詔があった。八色の姓は、真人《まひと》・朝臣《あそみ》・宿禰《すくね》・忌寸《いみき》・道師《みちのし》・臣《おみ》・連《むらじ》・稲置《いなき》である。道師は薬師・画師などのような専門知識を持つ氏と思われ、また、稲置は村邑の長（首《おびと》）に当たると考えられるが、この二つはどちらも作られただけで賜姓の例がなかった。

前年の12年（683）9月より賜姓の記事が見える。この時には、倭直《やまとのあたい》以下の38氏族（直・造《みやつこ》・首）に姓を賜って連としている。また10月にも三宅吉士《みやけのきし》以下14氏（吉士・造・史《ふびと》・首《おびと》・直《あたい》・県主《あがたぬし》）に連を賜っている。13年正月にも三野県主・内蔵衣縫造《くらのきぬぬいのみやつこ》の2氏に連を賜っている。

これらの賜姓の対象氏族は、旧来の職掌を通じて奉仕した天皇・諸王直属の伴造《とものみやつこ》、名代《なしろ》や屯倉《みやけ》を管掌した伴造の氏が多く、その天皇家についての隷属性を断ち一般氏族並みとした、と考えられている。

「八色の姓」詔に続いて、同日、守山公《もりやまのきみ》以下公《きみ》姓の13氏に真人の姓を賜った。この「公」姓の中には息長公・羽田公・坂田公も含まれ、継体より用明天皇までの皇子にその出自を持つ、あるいは継体天皇先祖と同系の王を出自とする氏族であった。皇孫としての尊貴さを示す「公」を「真人」とすることで諸臣一般の姓の枠に嵌める意図があったのではなかろうか。

同年11月、大三輪君・阿倍臣・物部連・中臣連ら52氏に朝臣《あそみ》の姓を賜った。朝廷の中核をなす官僚を出す氏族を指して朝臣と呼び、景行以前の諸天皇の後裔と伝える皇別氏族が多い。

続いて12月には、大友連・佐伯連・阿曇連ら連姓50氏に宿禰の姓を賜った。これらは天神・地祇・天孫の裔孫と伝える氏族が多い。宿禰は、すなわち古代神話上の武勇の忠臣武内宿禰《たけしうちのすくね》（景行天皇の裔）より連想されるところであり、武門の氏族・海上に勇躍する氏族に宿禰の賜姓があった。

14年6月、大倭《やまと》連・葛城《かずらき》連・凡川内《おおしこうち》連ら11氏に忌寸の姓を賜った。旧直姓の氏族が多く、中に弓月君の子孫と称した帰化系の大氏族秦氏がある。この忌寸には直截に「忌むべき小さな者」という意味を含むが故に、この賜姓を受けたものは必ずしも喜ばしいものではなかっただろう。「新撰姓氏録」によれば「皇別」に忌寸はなく「神別」には凡河内・葛城・秦・山背の４氏を載せるのみであり、専ら諸蕃を差別的に扱う意図があったのではないかと考える。

以上の一連の賜姓の対象氏族は１８０氏に上った。尚、これ以外に臣・連姓の多数の氏族があったが、この八色の姓の制定によって、天皇・皇子・諸王と、中央の官僚層を形成する諸臣と、そしてそれ以外の地方豪族及び伝承の中に忘れ去られた古い姓の豪族との階層がはっきりと分けられたと見るべきであろう。

政《まつりごと》と祭祀《まつりごと》

推古朝以前の6世紀までは、継体以降、欽明・敏達・用明・崇峻・推古と日嗣《ひつ》ぎが行われてきたけれども、継体天皇は、武烈天皇亡きあとに、応神天皇五世の孫として大伴金村らによって越前の三国に見いだされ推戴され、大伴氏や近江の息長《おきなが》氏や坂田氏、尾張連、河内馬飼氏らの勢力を背景に皇位に就いたが、長く大和国に入ることができなかった。ようやく大和に入ったのは物部麁鹿火《あらかひ》大連らの力に頼ったものであった。この如く、6世紀の天皇は、物部・蘇我・大友・葛城《かつらぎ》・来目《くめ》・巨勢《こせ》・許勢《こせ》らの大和・河内・南山背の有力氏族の勢力の均衡の下に推戴されて皇位に就くことができた。欽明天皇以降の日嗣ぎも蘇我馬子・物部守屋の影響力を、到底排除し得ない。崇峻天皇は馬子によって弑逆《しいぎゃく》されたのである。

舒明天皇の御代（629～641年）になると唐との交流が活発になる。僧旻・南淵請安・高向玄理らが唐の文化・制度についての有力な情報をもたらした。皇后であった皇極天皇が皇位を継ぐと、蘇我入鹿の専横が目に余るようになる。入鹿は古人大兄《ふるひとのおおえの》皇子を皇位に就けようと目論み、巨勢徳太《こせのとくた》らを使って、上宮《じょうぐう》王家山背《やましろの》大兄王を攻め自死に追い込んだ。

この事態に「最早一刻の猶予もならぬ」と中大兄皇子らが行動を起こしたのが、645年「乙巳の変」であった。これを以て、律令国家建設、天皇王権の確立の歩みが始められたのである。

律令の制定、近江令は、その制定の確定記事はないけれども、天智天皇10年（671）正月に大規模な新職階の授与があり、この時に施行があったと考えられている。

持続天皇は、その4年（690）正月に即位したが、4月に「官人の考課に基づく冠位昇進の期限を6年とすること、人事考課の基準を9等とすること」の詔が、7月に、新しい朝服を着ること、さらに丹比嶋《たじひのしま》真人を右大臣とし、併せて八省・百寮の官職を遷任したとする条項が見え、この年に浄御原令が施行されたと考えられている。持続天皇3年（689）6月条に、先だって「諸司に令一部二十二巻班《わか》ち賜ふ」とあり、浄御原令の施行準備を伝えている。

大宝律令の施行は、大宝元年（701）3月のことである。律の制定はこれが初めてのことであった。しかしながら唐の法制を学んだ早い段階で律について何等かの形があったのではないかと思われる。

天武天皇は賞罰に厳しかった。天武4年2月紀に「群臣《まえつきみたち》・百寮《つかさつかさ》及び天下の人民《おおみたから》諸悪を作《な》すこと莫《まな》。若《も》し犯すこと有らば事に随いて罪せむ」とあり、何らかの成文の規範があったのではないだろうか。同じく天武4年9月紀に「三位麻続王《おみのおおきみ》罪有り。因幡に流す。一人の子をば伊豆嶋に流す」という記事も見られる。

律令は701年の大宝律令以降、757年に養老律令として改訂・補足され、その後律令が改定されることはなかった。

令の冠位・官職・服制はその後永く生き続け、貴族の間では、例えば藤原基経が堀河《ほりかわの》大臣《おとど》とよばれたように、邸の場所と官職とが名前の代わりにさえ使われ、国司などの補任は彼らの最大の関心事であり続けた。

が、唐でも8世紀玄宗朝に既に令外官が置かれ、日本でも現実の政治的課題に合わせて参議・中納言・按察使・検非違使などの令外官《りょうげのかん》が置かれた（本質的には、臨時の例外的処置ではあったが、やがて律令の諸制度を代替変質させる、より簡便な制度として定着していく）。

律令の政体は一口に「二官八省」と表現されるが、天皇王権の拠り所として神祇があり「神祇官」は「太政官」の上に置かれる。

大嘗祭

天皇が即位した翌年11月に最初の新嘗の儀式として、大嘗祭が執り行われる。悠基《ゆき》国・

主基《すき》国を定め、その国から献上された新穀を神々に供え、自らも祖霊と一緒に新穀を頂く。深夜に至って、御殿の床に八重畳を敷き、神を衾《ふすま》で覆い自らもその衾を被って臥す。そしてしばしの間、絶対安静の物忌みをする。その間に神霊が天皇の身体に入り、霊威あるものとして復活する。これは、現世の人間が神霊を招ぎくだし、それによって霊的な君主としての資質を身につける、言葉を換えれば、アキツカミ(人間として現れている神)となる。その衾こそを真床覆衾《まとこおふすま》という。書紀では天孫瓊瓊杵命《ににぎのみこと》が天上より地上に降臨したときの乗り物(覆い物)を真床覆衾とする。

(この大嘗祭は天皇家の私的な儀式であり、真相は知るべくもない。この説は、多くの人が天皇をアキツカミとする戦前の皇国史観の危険な匂いを嗅ぐに相違ない、一方、私は、「衾を被って床に臥す」という個々の天皇の姿を思い浮かべるとともに大嘗祭を済まさないと天皇は天皇たり得ないと考えられてきたことに、それを継受してきた我々の先祖に対して稀有の年月の重みを感じざるを得ない)

令の施行細目である式は「延喜式」しか遺されてはいないけれども、神祇官の式は元旦祭・祈年祭を始めとする種々の宮廷祭祀儀式の次第・細目と祝詞《のりと》を載せている。それらが実際の政《まつりごと》に優先したのである。

『新撰姓氏録』は、嵯峨天皇の命によって弘仁6年（815）に編纂された。
京・畿内の1、182氏を左記のように分類する

皇別（神武天皇以来、天皇家より分かれた氏族…335氏）

天神（天孫瓊瓊杵命に従って天降った氏族…246氏）

天孫（天孫瓊瓊杵命より3代の間に分かれた氏族…128氏）

地祇（天孫瓊瓊杵命天降り以前に既に地上にあった神々大国主命・須佐能袁《すさのお》命・綿津見神らを祖神とする氏族…30氏）

諸蕃（渡来し帰化した氏族：百済104氏、高麗41氏、新羅9氏、加羅9氏、漢163氏）

未定雑掌（来歴を確定できない氏族…117氏）

姓氏録は、氏名《うじな》の由来・賜姓による改姓を顕かにする意図をもって編まれたもので、それぞれの氏族の祖神を区別しているが、そこに差別的意図を汲むことはできない。

天武天皇元年（672）7月、壬申の乱において神威による加護があったとして、高市御《たけちのみ》県《あがたの》鴨《かもの》八重事代主神《やえのことしろぬしのかみ》・村屋弥富都比売神《むらやのみとつひめのかみ》・牟狭坐神《むさにますかみ》の神階を登《あ》げ進めた記事が見える。世俗の人間界の官僚・貴族に位階があったように、神にも序列（神階）を作ったのである（もちろん、授ける立場の皇祖神天照大神にはそれはない）。

天照皇大神の成立

持統天皇6年（692）2月11日のことである。天皇は「3月3日を以て伊勢に行幸するので準備せよ」と詔のられた。その月19日、中納言三輪朝臣高市麻呂は上表して、天皇の伊勢行幸を「民の農時《なりはひのとき》を妨げたまふ」として諫《あは》め争《いさ》めた。

さらに、3月3日、高市麻呂は、その冠位を脱いて帝に擎上《ささ》げて重ねて諫《いさ》めた「農作《なりはひ》の節《とき》、車駕《きみ》、未だ以て動《ゆ》きたまふべからず」と。

3月6日、天皇は「諫めに従いたまはず」遂に伊勢に御幸した。

この三輪高市麻呂のとった行動の意味するところは一体何であったか？　書紀の編者は高市麻呂が「民の農作のとき」として暗示する意図を、筆禍を恐れてかはっきりさせていないが、殊さらに「諫めに従いたまはず」とこの事件を取り上げているのはなぜか？　高市麻呂が冠位を賭けてまでも伊勢行幸を阻止しようとした真意は何か？

元来、天皇家の本拠は三輪山の麓にあったと考えられている。崇神紀48年正月条、天皇は、この山に天皇の祖霊が依ると考えるが故に、日嗣ぎの皇子を決めるのに皇子二人を三輪山に登らせて夢を見させて占っている。また、敏達紀10年2月条、捕らえられた蝦夷の

図11　大神神社

将、綾槽《あやかす》らは三諸岳（三輪山）を「天地の諸々の神及び天皇の御霊」の山として泊瀬川で禊《みそ》ぎをしこの山に向かって誓いを立てている。三輪山はまさに天皇氏族の祖霊を祀る山であった。

三輪山の信仰には、山体と日輪の二つの神格があった。

一つは山体そのものを御神体とする大神《おおみわ》神社（図11）のものであり、さらに一つは多《おお》神社のものすなわち、三輪山に昇る旭日を日神として祀る、山頂にあっては神坐《みわにます》日向《ひむか》神社、里（田中）にあっては多神社の神である。その信仰は、三輪山山上に坐す天祖《あまつおや》すなわち東の山に昇る日輪、天照大神と、それを里にあって祀る巫の双方を祀る関係にあり、あるいは天祖と日の御子（穀霊）との双方を祀る。そしてそれは天照大神とその子天忍穂耳尊《あめのおしほみみ》との関係と同じであった（多神社の御祭神は天疎向津媛尊《あまさかるむかつひめ》

〈＝天照大神の荒魂《あらみたま》〉と天忍穂耳尊〉。多氏は神武天皇の長子神八《や》井《い》耳《みみ》命の子孫であり、天皇家の天照大神を祀る正統な祭祀者であった。

多氏について、綏靖紀に曰く。神武天皇に、歳の順に手研耳《たぎしみみ》命・神八井耳命・神渟名川《ぬなかわ》耳《みみ》命の３人の皇子があった。長兄の手研耳命はもとより人を慈悲する心を持たず、二人の弟皇子の殺害を企てていた。ある時二人の皇子は敵《あだ》の手研耳命を弓矢を以って射殺する機会を得た。渟名川耳尊は神八井耳命に「今まさにその時だ。私が室の戸を開けます。兄さんはすかさず手研耳命を射て下さい」。扉が開けられたが神八井耳命は、則ち手脚戦慄《ふるえおのの》きて矢を射ることができない。渟名川耳尊は兄八井耳命の弓矢を素早く奪って手研耳命を射殺すことができた。神八井耳命は恥じ譲って弟渟名川耳尊に「私はあなたの兄ではあるが、拙《つたな》く弱くて立派な政治を行うことはできないであろう。今ミコトは武《たけ》く果断に自ら敵を誅せられた。素晴らしい。ミコトは高御座《たかみくら》に臨んで皇祖の業を継ぐべきだ。私はあなたの業を輔《たす》けて神祇の祭祀に任じよう」と申した。この神八井耳命が多氏の祖神である。まさに正統な祭祀者が三輪山に上る日輪とその珍子《うずのみこ》とを祀っていたのであった。

（多神社は真東三輪山山頂に春分の日の日の出を拝む場所に位置する。古代人は典型的にある特徴的な自然物〈山頂・磐座・岩の隙間といったもの〉と夏至の日の出あるいは春分の日の出とそれを一直線上に観察する基点を定めて祭祀の場所とした）

一方、大神神社は、天皇祖霊の坐す山への信仰を原型とする。さらには、大国主神が天《あめの》下《した》を造られたおり、それを扶けるために「海を照らして依り来た」大物主神があった。「もし吾の扶けがなければ主（大国主神）の国造りは成就しない。吾をば倭《やまと》の青垣の東の山（御諸山）の上に拝《いつ》き奉《まつ》れ」と言ったという。これが大三輪の神であった、と書紀は伝える。

大国主＝オオナムチが少彦名《すくなひこな》命と出会い一緒に国造りを進めたが、途中でスクナヒコナは常世国《とこよのくに》に去り、替わってオオモノヌシがやって来て彼と国造りを進めた、とする神話は出雲の伝承と考えられている。書紀編纂の時、オオモノヌシとその祖神スサノヲにまつわる出雲の伝承を天皇氏の伝える伝承と、天照大神とスサノヲとを姉弟とすることによって、合体させたが故に、「一書《あるふみ》に曰はく」としてこれを書紀が伝えることになったと考えられている。

崇神天皇は和風諡号ではミマキイリヒコイニエと呼ばれ、別にはハツクニシラススメラミコトとも呼ばれ、実質初代の天皇であったと考えられている。書紀によれば「天照大神は倭大国魂神《やまとのおおくにたま》と共に、初めは天皇の大殿の内に在って天皇の起居と共にあった。5年に、疫病が流行り死亡《まか》れる、あるいは流離する民が多く、国が荒れた。天皇は大殿に二柱の神と起居を同じくすることを安からず覚えて、神の威をおそれ畏《つつし》んだ。そこで、天照大神を豊鍬入姫《とよすきいりひめ》命に託《つ》け倭の笠縫邑《かさぬいむら》に斎祀《いつきまつ》り、倭大国魂神を渟名城入姫《ぬなきいりひめ》命に託けて祭らせた（ところが、渟名城入姫は髪が落ち痩せ衰えて神を祀ることができなかったので、結局、長尾市《ながおち》という者を祭主《いわいぬし》として祭らせることになった。今、天理市新泉町に大和《おおやまと》神社としてある）。

垂仁紀25年３月条、「天照大神を豊耜入姫命《とよすきいりひめ》より離して倭姫命《やまとひめ》にお託けになり大神を鎮め坐させむ処を求めしむ」とある。倭姫命は大神の杖となって安らう場所を求めて笠縫邑より遍歴の旅をする。旅は宇陀の篠幡《しのはた》、伊賀の阿保・柘植、美濃の本巣郡居倉を経て伊勢国に入り最終的に五十鈴川の辺《ほと》りに落ち着いたとある。『倭姫命世記』（１２８０年頃）と『皇大神宮儀式帳』（８０４年）は「弥和乃御《みわのみ》室嶺《むろのみね》上宮」より大神は遷幸したと記す。また、日神である天照大神を里にあって祀った笠縫邑の有力な比定地は多神社の近辺でもある。

天照大神と倭姫の伊勢に至る遍歴では、すでに日輪としての天照大神と天皇祖霊の区別はなく判然としない。天皇祖霊を三輪山より切り離す意図をそこに読むことができる。

ここに至って、天照大神は天皇祖霊と同体となって、伊勢の五十鈴川の辺りに坐《いま》すことになったのである。「天照皇大神」の誕生である。

問題の核心は、天武持統のこの時期に天神（及び天孫）と地祇《ちぎ》とを分け天神を至高の神々とし、地祇を相対的に下位に置いたことにある。そして三輪山より天皇祖霊を切り離し、日神（日輪）天照大神を皇祖神と同一視し、さらにそれを伊勢の大神としたことにある。

天武天皇２年（６７３）４月、大来皇女は伊勢斎宮に当てられ、その準備のために泊瀬《はっせ》斎宮に籠り、翌3年(674)10月に伊勢神宮に出立された。初代の伊勢斎宮である。このことが天武・持統朝において天皇祖霊を天照大神と同体とし、その意図のもとに記紀の編纂を進めたことの傍証であると私は考えている。

天照大神を皇統の祖霊とする、すなわち天孫瓊瓊杵《ににぎ》命を地上に遣わし、その曾孫が神武天皇である……とする伝承は元々あったに相違ないが、稲霊《いなだま》でもあるアマテルミタマ(日輪)と皇統譜とを結びつけ伊勢の大神を天照皇大神としたのは、さらには大物主命を三輪山に祀らしめたのは、天武・持統天皇の深い構想より成ったことに相違ない。もちろん、その構想そのものの、もう一つの別の面を見れば『帝紀』より『書紀』の編纂に至る修史事業の様相を呈し、さらに別の面を見れば、後の『新撰姓氏録』の皇別・神別(天神・天孫・地祇)・諸蕃の別に諸氏族、のみならず神をも分類したことであり、それに伴って氏族を「八色の姓」に分けたことが看取される。

始めに戻って、大三輪朝臣高市麻呂こそは、三輪山を神体として祀る大神神社の祭祀を司る氏族であった。三輪山(御諸山御室山)は皇統祖霊の宿る山であると同時に、葦原中国《なかつくに》を大国主と一緒になって造った大物主大神の坐す山である。

高市麻呂の諫言の真意は「伊勢にまでわざわざ行くのなら三輪山に行幸されるべきだ。むしろ皇祖神はもともと三輪山にいらっしゃる」「天照大神を皇祖神として伊勢にお祀りするというのは、あなたがた天武・持統天皇のにわかな変更ではないですか？　三輪山が本で伊勢は迹《あと》ではないですか？」と訴えたのだった。

三輪山への信仰には「天地の諸神及び天皇祖霊」への信仰として客観性があったが故に、その諫言に説得性を認め、書紀の編者はこれをある種の事件として記載した。しかし高市麻呂が何を言おうと変更がなされるはずもなかった。大国主神・大物主神・綿津見《わたつみ》神やそれらの裔神は天孫降臨の前の先住の神々、すなわち、まぎれもなく地祇であり、三輪氏は先々再び天皇祖霊神と関わることはあり得なかった。

第六章

およそ政の要は軍事なり

天武天皇の詔

およそ政《まつりごと》の要《ぬみ》は軍事《いくさのこと》なり――。天武紀13年（684）閏4月、この言葉は、大化改新、白村江での敗戦、壬申の乱に至る動乱の28年間を、兄中大兄皇子、妻菟野讃良皇女《うののさららのひめみこ》とともに数々の災禍をかいくぐってきた天武天皇の言葉として真に重いものがある。

天智2年（663）9月、白村江での敗戦の後、百済《くだら》遺臣佐平余自信《さへいよじしん》以下官僚70余人と多数の遺民は弖礼城《てれさし》より日本へ渡った。

天智3年（664）5月、唐の鎮将劉仁願《りゅうじんがん》は郭務悰《かくむそう》を使者として表《ひょう》（外交文書）を送っている。

次いで天智4年（665）9月、鎮将劉徳高《とくこう》・郭務悰ら254名が遣わされた。日本への示威行動であったであろう。対して10月11日、朝廷は彼らを前に宇治において観閲式を行い、精一杯の対抗意識を示している。彼らが表を以て何を伝えたかは不明であるが、元々、高句麗を討ち、北境を安泰にすることが唐の目的であったと考えられるので、「これ以上朝鮮半島に手を出すな、そうであれば友好国と認めてやろう」少なくともこの程度のことを伝えたであろう。4年（665）12月、劉徳高らを送る使いとして、守君大石《もりのきみおおいわ》・坂合部石《さかいべのいわ》積《つみ》・吉士岐弥《きしのきみ》・吉士針間《きしのはりま》が唐に派遣された。

天智6年（667）3月、近江京遷都。

同7年（668）正月、天智天皇即位。その年の5月、諸臣を率いて蒲生野に狩猟を行っている。軍事演習である。同7月、近江国、武《つわもの》を講《なら》う。また、多《さわ》に牧を置きて馬を放つ、とある。

令制定以前のこの頃、天皇に直接従う兵力は舎人《とねり》以外になかったが、直衛の兵を置き、兵を練り、騎乗の士を組織する必要性はこの時既に認識されていただろう。

天智9年（670）2月、庚午年籍《こうごねんじゃく》が作られる。

同10年（671）正月、近江令《おうみりょう》が制定される。

庚午年籍は後に氏姓の台帳として永く閲覧利用され永久保存とされた。造籍は近江令に基づく課税台帳でもあり、これにより班田収受の途が開かれた。畿内・播磨・紀伊・讃岐・阿波・伊予・九州諸国・上野・常陸に高密度に作成されたという。さらに戸籍は兵の徴集にも利用された。

同年11月、対馬国司より筑紫太宰府に以下のように通報があった。

すなわち「唐の捕虜になっていた沙門道久・筑紫君薩野馬《さちやま》ら4人がやってきて、『唐の使将郭務悰ら600人、送使沙宅孫登《さたくそんとう》ら1400人（百済からの避難民か？）合計2000

人、47艘の船に乗って比知嶋《ひちしま》（巨済島付近）に泊っている。突然に日本の領海に至れば防人等は驚いて矢を射掛けて戦おうとするだろう。その故に、予め道久らを遣わして日本に渡る意志を伝えに来た』と言っている」と。これ以外にこの事件についての情報はなく、唐による威嚇行動であったのか、百済難民の移送であったのか、書紀は殊さらに伝えていない。

天智天皇の脳裏には、律令による中央集権国家の早期の構築があったと思われるが、それはまだその緒に就いたばかりであった。同10年（671）12月3日、天皇は崩御した。

壬申の乱の後を襲った天武天皇（大海人）は兄天智天皇の路線を踏襲し、さらに強硬に律令体制、すなわち中央集権化を推進していく。

天武4年（675）正月、百官の官僚を動員して宮廷西門の外庭で大射の行事を行なった。後この大射は正月恒例の行事として毎年行われるようになる。

同年10月、初位以上の全ての官僚に兵《つわもの》を備えよ、すなわち武器を備え武術を磨けと宣う。天武5年（676）4月、諸王・諸臣に給している封戸の税（田租の半分及び庸調の全額）につき、従前畿内以西の国を充てていたものを、東国を以て充てよ、と勅があった。

これは、大化改新以前、諸氏族は手工業や農業に従事させる部曲《かき》（＝土地に根ざした私有の隷属民）を持っていたが、改新によってこれを止め全ての民を公民とした。諸氏族が従来所有していたこの権利に替えて封戸を与えたが、封主と封民との間には尚、部曲制的な隷属関係が残っていた。土地を替えることによってこれを払拭しようとしたものであろうと考えられている。王権の強化策である。

天武8年（679）2月「2年後に親王をはじめとして百官の武装・騎乗を観閲するので、予め準備せよ」と詔があった。

同年8月、「乗馬の他に良馬を召そうと思うので出せ」と王卿に詔があった。泊瀬より宮に還御する日に、群卿の用意した良馬を疾走させてみた。

同年11月、大和より河内に抜ける要衝、竜田山・大坂山に関を置く。難波に羅城（城壁）を築く。

天武10年11月、親王以下群卿ら、諸官僚の騎乗の行進を軽市に観閲した。

天武12年11月、諸国に詔して陣法《いくさのり》を習わしむ、とあり軍事演習を行っている。軍略・戦術を学び広める「陣法博士」という職掌があった。

同年12月、伊勢王《いせのおおきみ》・羽田公八国・多臣品治《おおのおみほんじ》・中臣連大嶋《おおしま》、併せて判官・録史《ふびと》・工匠者《たくみ》らを遣《つかわ》して天下に巡行《ありき》て諸国の境界を現分《さか》う。

「国の境を確定する」とは、国宰の支配領域を確定し、評単位の軍事編成・軍団の設置、評督その他の各職の権能を明確にしようとしたものかと考えられている。しかし一度の遠征では達成されず、13年10月、14年10月と3年をかけて事業は遂行された。

天武13年「およそ政の要は軍事なり」の後の文言は以下のようである。「是を以て文武官の諸人も、務めて兵《つはもの》を用い、馬に乗ることを習へ。則ち馬・兵、併て当身《みみ》の装束の物、務めて具《つぶ》さに儲《そな》へ足せ。其れ馬有らむ者をば騎士《うまのりびと》とせよ。馬無からむ者をば歩卒《かちびと》とせよ。並びに当に試練《ととの》へて、聚《あつま》り会《つど》ふに障ること勿かれ。……」天武天皇は、駅馬・伝馬の制、評制、筑紫・周防・吉備・伊予ほかに設定した大宰《たいさい》の制にしても、全ての国家のデザインを軍事より発想している。

同年以降の治世は「八色の姓」として知られる賜姓の事業、すなわち氏族の階層の再編成で締め括られる。一層の中央集権化であった。

朱鳥元年（686）9月、天皇は崩御した。

草壁皇太子は、何らかの事情のため日嗣ぎせず、讃良皇后が称制した。皇后は慎み深く、天武天皇をよく補佐され、天皇は政事についての皇后の考えをしばしばお聞きになったとある。持統3年（689）4月草壁皇太子が薨去すると、翌4年正月、讃良皇后は敢然と皇位に就いた。

持統天皇の詔

持統3年5月に新羅の弔使級湌《きゅうさん》（官位十七階の九位）金道那に「あること」を詔して伝えたという記事は、当時の国際情勢を知る上でも、さらには持統天皇の人となりを知るうえでも有効と思われる。

「持統2年（688）に田中朝臣法麻呂《のりまろ》らを新羅に遣わして天武天皇の崩御を告げさせた。その時、新羅の言うには『勅を奉る人は元より蘇判《そうかん》（新羅官位十七階の三位）の位の者が承ります。今回もそのようにしたい』。これによって法麻呂は相手を得なかったために勅《みことのり》を告げられなかった。さらに昔のことをいえば、孝徳天皇の崩御された時に巨勢稲持《こせのいなもち》らを遣わして喪を告げさせた時は、翳湌《えいさん》（官位十七階の二位）金春秋が勅を承った。しかるに蘇判を以て承ろうとしたのは前例と異なる。また、天智天皇が崩御した時には、一吉湌《いっきつさん》（官位十七階の七位）金薩儒《こんさちぬ》らを弔使として派遣してきたのに対して、この度は級湌を以て弔使とした。これも前例に違う。元来、新羅は『我が国は日本の遠い皇祖の代より船の舳先を並べて何艘も、楫《かじ》を干す暇さえないほど頻繁に行き来をする国です』と申す。しかるに今般は貢ぎの船は一艘のみ。これも前例に違う。また、このようにも言う『日本の遠い皇祖の代より潔い忠誠の心を以て仕え奉ってきた』と。しかし今の有り様は忠誠心を以て職責を果たそうとはしていない。どころか、潔《きよ》らかな心を破りまめしく媚《こ》びおもねるばかりである。しかれども、我が朝廷の皇祖の代より広く新羅に慈《めぐ》みを与えてきたその徳は絶やすべきではない。いよいよ謹んで決め事・法度を尊び職務を修める者をば、天朝《みかど》は広く慈みたまうであろう。汝、金道那《こんどうな》らよ、この勅するところを承りて汝の王に伝えよ」と。

唐は668年に高句麗を滅ぼした後、旧百済領に熊津都督府を、旧高句麗領に安東都護府を置き、さらに新羅をも隷下に置こうとした。新羅はこれに反発し旧百済領を侵した。唐の新羅制圧の姿勢に対し「謝罪と侵攻」を繰り返し、次第にその勢力を扶植していった。当時の新羅は、旧百済領であった半島の南端まで完全に支配下に収め（676年、統一新羅の誕生）、もはや日本に対して朝貢の礼をとる必要を全く認めていなかった。それが日本に対する態度として表れたものである。

持統天皇のこの言葉は、一面弱腰のようにも見えるが、慈しみに満ちた諭す物言いでありここに天皇の人となりを私は見たい。さらにいえば大化元年（645）以降「任那の調」に象徴される朝鮮半島権益を放棄し、国号を対外的に「日本」としたのは天武天皇であると考えられ、穿った見方をすれば新羅は既にどうでも良かったのかもしれない。

持統3年（689）閏8月「今冬に、戸籍造るべし（庚寅年籍）、9月を限りて浮浪を糺《ただ》し捉《から》むべし。其の兵士は一国毎に四つに分ちて其の一つを点《さだ》めて武事《つはもののわざ》を習はしめよ」と諸国に詔せられた。これは各地に軍団を編成し、選抜された者を農閑期に武術を修得せしめたものと解せられる。

大化改新以降、地方の行政単位として評（大宝律令〈７０１〉以降「郡」）が成立する。評を単位として軍団が全国各地に編成されたと考えられている。

その軍団設置の意図は、第一に、喫緊の防衛体制を敷くための防人《さきもり》・衛士《えじ》の兵の徴集にあった。さらには、従来の地方豪族の兵権を削ぎ中央集権化を図る意図もあった。

軍団は、後の養老軍防令によれば「其れ点《てん》して軍に入るべくは、同戸の内に三丁毎に一丁を取れ」とあり、実際の徴兵率は正丁の４分の１くらいに達し、一戸一兵であれば、一里50戸50人の点兵であった、と考えられている。どの程度の密度で軍団が設けられていたかの詳細は不明であるが（一軍団２００里か）、軍団の定員１０００名に達するまで徴兵が続けられた。兵士１０００名は10分の１ずつ10番に分けられて年に数回上番したと見られる。弓・太刀の兵器は規格化されてはいたが自弁と同じ、すなわち正税帳に「年料器杖」と見られるように毎年一定数の弓矢・刀を造って中央造兵司（あるいは国衙）に収めたものらしい。

防人は、天智天皇３年の頃に既に置かれ、養老軍防令には「凡そ兵士上番、京に向かいては一年、防に向かいては三年、行程を計らず」とあり、九州の防人は東国からの兵士が充てられたので、行き帰りの道程を考えれば、任務は4年もの長期間にわたったと考えられる。

持統3年（689）2月「筑紫の防人、年の限りに満ちなば替えよ」と詔があり、必ずしも任用期間が守られていなかった。その任に在った者は1000人を超え、交代の要員が到着しない限り離れられなかったものか。過酷な任務であった。

持統3年11月、市中にして高田首石成《いわなり》が三つの兵（弓・剣・槍の諸武術か）に習熟していることを褒めて物を賜った。

持統4年（690）2月、天皇、腋《わき》上池堤《いけのつつみ》に出かけ公卿大夫の乗馬訓練を見た。

即位した持統天皇は精力的に施策を興す。

4月には「人事考課・冠位の進級」についての詔が、7月には「朝服の着用・礼制」の詔が、9月には「凡そ戸籍を造ることは戸令に依れ」と庚寅《こういん》年籍造籍のことが見える（これらの詔を根拠に、この時期に「浄御原令」が発令されたとみられている）。

同7年（693）10月「今年より、親王以下進位まで備えの兵《つわもの》を観察しよう。浄冠より直冠まではそれぞれ甲《よろい》一領・大刀一口・弓一張・矢一具・鞆《とも》一枚・鞍馬《くらおけるうま》。勤冠以下進冠はそれぞれ大刀一口・弓一張・矢一具・鞆一枚、斯くの如く備えよ」と詔があった（鞆《とも》＝

射撃時に絃によって左臂《ひじ》の内側が弾かれることより保護するために当てた皮）。

同年12月、陣法博士を遣わして諸国に教習させる（諸葛亮の八陣・孫子の九地の兵法か）。

持統8年（694）3月「郡司に任命するのに進広弐を以て大領に授け、進大参を以て少領に授けよ」、6月の条にも大領・少領の記事がある（「評・評督・助督」より「郡・大領・少領」に切り替えられたのは大宝令以降と考えられているので、あるいは粉飾か。しかし地方の制度がようやく整備されてきたことは事実であったであろう）。

持統11年（697）2月「当麻《たぎま》真人国見《くにみ》を以て東宮大傅とす」とある。これ以前に草壁皇子の遺児軽皇子の立太子があったとみられる。持統天皇にとってようやく次世代への日嗣ぎが見えてきたのであった。

天武・持統の両天皇は共に、百済救済・白村江の戦い・壬申の乱を共通の体験として生きてきた。常に最悪の事態を想定し、備え、事に当たって間髪を入れずに対処する、何事もスピードを以て処理する、そういった生き方を身に沁みて体得していた。それが標記の「およそ政の要は軍事なり」の言葉であった。

第七章

神の導く辺境　王権の伸張

王権の伸長

大化元年（645）、改新の詔の一に「昔在《むかし》の天皇らの立てたまへる子代《このしろ》の民、処処の屯倉《みやけ》、及び別《こと》には臣《おみ》・連《むらじ》・伴造《とものみやつこ》・国造《くにのみやつこ》・村首《むらのおびと》の所有する部曲《かき》の民、処処の田荘《たどころ》を罷《や》めよ」とある。すなわち、各氏族や職掌を以て仕える氏族の長らが、恣《ほしいまま》に民を私民として囲い込み使役するのを停止し、全ての民を公民として王権の元に置く、というのが改新の根本理念であった。そしてその理念は一日にして成ったのではなく、「養老令」まで4度にわたって発布された律令の施行によってであった。

王権の勢威の及ぶ範囲の民は「民《おおみたから》」であり、王権の懐は五畿内（摂津・河内・和泉・大和・山城）・西海道（播磨・吉備・周防・伊予）・紀伊・近江・及び北九州であった。持統朝まで、すなわち7世紀の末までには、王権の支配は、北は越国《こしのくに》、東は常陸《ひたち》及び名取柵《なとりのさく》（多賀城の前身）辺りにまで及び、その100年後の9世紀初めには、坂上田村麻呂の征討行によって出羽《でわ》・陸奥《むつ》にまで拡張された。南には尚、熊蘇《くまそ》・隼人の纏《まつ》ろわぬ民が日向《ひゅうが》・薩摩《さつま》辺りに在った。

岩手県南部に田村麻呂によって胆沢《いさわ》城が造営されたのは延暦21年（802）のことであっ

たが、実際のところ、この付近に本州最北端の前方後円墳とされる角塚《つのづか》古墳（岩手県奥州市胆沢、5世紀後半）があり、ほど近い水沢中半入《みずさわなかはんにゅう》遺跡からは和泉北陶邑《すえむら》産の須恵器も見つかっている。被葬者の王は倭人であったのだろうか。畿内との交流・交易が想定されざるを得ず、この地方が7世紀末まで王権の埒外であったとすることは最早できなさそうである。考古学の知見は文献による知見を往々にして超えているものである。

斉明天皇4年（658）から6年（660）にかけて、阿倍引田臣《あべのひけたのおみ》比羅夫《ひらふ》が越国守であった折に、少なくとも2回、蝦夷《えぞ》・粛慎《みしはせ》の征討を行ったと考えられている。書紀に蝦夷征討に関わるものが11ヶ条見え、征討の有り様を伝えるものと、帰順した蝦夷・粛慎が朝《みかど》に詣でて物を献上する、あるいは彼らに饗《あえ》を給う記事、男女二人の蝦夷を唐に伴い天子に見せた記事などが見える。

興味を引くのは6年3月の条で、どのようにして王権への帰順を進めたかが分かる。征討を陸行すれば必ず大河に阻まれるによって、阿倍比羅夫は200艘の船に兵士を載せ蝦夷を案内人として粛慎を討ちに向かう。

「ある大河の辺に、蝦夷千人ばかりが屯営しているのに遭遇した。彼らに賊《みしはせ》の隠所《かくれどころ》と船数を問えば、隠所を指し示し『船二十余艘なり』という。比羅夫は綾絹の着物や織物・刀弓矢・練り鉄等を浜辺に積み置いて相手の物欲しい気持ちを引こうとした。すると粛慎は船を連ねて遣ってきて、その内の一艘より二人の老翁が上陸し、その積むところの品々をつらつら検分し始めた。その中より単衣《ひとえのきぬ》を見つけそれに着替え、各々布一端《ひとむら》を引っ提げて船に乗って帰って行った。暫くするとまた彼の老翁が遣ってきて、その着替えたばかりの単衣を脱ぎ、さらに持ち帰った反物を返し置いて退去した。

比羅夫は数隻の船を遣って粛慎を召さしめたが、彼らは本拠の柵の有る島に帰って行った。暫くして、和を乞うてきたが交渉は決裂し、粛慎は己が柵に拠って戦いを挑んできた。勝敗の帰趨は自ずから顕かであり、幾らもせぬうちに粛慎は破れ、己が妻子を殺した」

これを読むと、武力行使は征討の最後の手段であったであろう。武威を示し、帰順するものを厚く遇するのを基本とした。彼らの代表者を、少しばかりの貢ぎ物を持たせ朝廷に連れて行き、天皇は彼らを饗応し爵位を与え、大領や小領の位に就け、きらびやかな賜り物を持たせ、帰したのであった。

それぞれの地方に個別に成立していた国造を廃止して、評《ひょう》(後の郡)を置きその長である評督《ひょうとく》(大宝令以後大領・少領)、さらにその上に国司を任命し、中央集権国家への転換が計られた契機は大化改新であったが、ここに見るように、東国辺境の国司には通常の国司の業務に加えて饗給《きょうきゅう》(蝦夷を服属させるための饗応・褒美)・斥候《せっこう》(蝦夷の動静についての情報収集)・征討の任務があったのである。

天武8年（679）11月には、倭馬飼部連《やまとのうまかいべのむらじ》・上寸主光父《うえのすぐりこうぶ》を多禰嶋《たねがしま》に遣わしている。彼らは天武10年（681）8月に帰朝し、嶋の地図を奉り「稲は常に実り一たび植えて両《ふた》たび治む」と報告している。9月には伴って連れ帰った多禰人らに飛鳥寺の西の河辺で饗応している。

持統9年（695）3月には、文忌寸博勢《ふみのいみきはかせ》・下訳語諸田《しものおさもろた》らを再度多禰を始めとする南西の島々に派遣している。彼らは文武3年（699）7月に、多禰・夜久《やく》・菴美《あまみ》・度惑《とく》の人々を伴って帰朝し、島々の産物を献上した。もちろん彼らは武器を携えて遠征したものであったが島嶼の住民は隼人などに比べれば純朴であったようである。

王権の辺境への伸張には、中央集権を指向する政策の転換があったが、実はそれは祭祀の在り方に密接不可分であった。以下にそれを述べたい。

甕・瓫の祭祀

甕・瓫はどちらもカメであるが、古代祭祀において、カメはそのものに霊力が宿ると考えられており、重要な意味を持っていた。

例えば、蒸した穀物と藁や麹《こうじ》かびを一緒に甕に入れ和紙で封をして放っておくと酒ができた、というのも甕の霊力のなせる業と古代人は考えた。素戔嗚尊《すさのおのみこと》が八俣大蛇《やまたのおろち》に甕に醸《かも》した酒を飲ませて退治したのも甕の霊力によったのである。

また、カメは境（山道であれば峠に、海であれば港の外海との境に）に置かれてそこで祭祀が行われた。古墳、殊に前方後円墳の裾には円筒埴輪がズラリと並べられていて墓域と一般の生活域との境界をなしていたというのも重要である。東山道を美濃より信濃に至る神坂《みさか》峠の頂上には祭祀遺跡があり、甕その他の土師器の遺物が出土しているが、境には異界の神が居て交通の妨げをなす、峠の先は異境である、との考えで「幸《さき》くあれ」と祈りを捧げたのである。

甕には、神の霊力を封じ込める、口を傾けることによって霊力を注ぎ出す、醸した酒を入れることで麁《あら》く猛々しい神を和らげる、神霊を祝《ほ》ぎ入れた甕を境に据え、境の内外への出入りを封じる、といった力があると信じられていたのである。

多賀城国府域からは、土師器の甕の腹に人面を描いたものが、破片も含めて4000点以上も出土しているという。『延喜式』には「大祓《おおはら》えにあたり、坩《つぼ》に気息が憑く依代《よりしろ》の小石を入れ息を吹きかけ、和紙で蓋をし、台盤所《だいばんどころ》に留《と》めて、晦日《みそか》に水に流して、罪や穢《けが》れを祓《はら》う」とある。呪術の次第は今となっては分からぬが、甕の腹に描かれた人面は、恐らくヒトのものではなく神あるいは異界の魔物や甕に潜む魔力の表象であったかのように思われる。

草枕　旅行く君を　幸《さき》くあれと　齊瓮《いわいへ》据えつ　あが床の上に（万葉集　巻17－3927）

は、天平18年（746）大伴家持が越中国守として赴任するに際して、叔母の大伴坂上《おおとものさかのうえの》郎女《いらつめ》が贈った歌で、齊瓮を据えて旅と任期中の無事を祈っている。

さらに、防人がうたった歌に

……大君の　命《みこと》のまにま　ますらをの　心を持ちて　あり巡《めぐ》り　事し終はらば　障《つつ》まはず
帰り来ませと　齊瓮を　床辺《とこへ》にすゑて　白たへの　袖《そで》折り返し　ぬばたまの　黒髪敷きて
長き日を　待ちかも恋ひむ　愛《は》しき妻《つま》らは（巻20－4331）

このように、齊瓮を床に据えて、異境に旅立った人への神の加護を祈ることが、広く行われていたのである。

鹿島神宮

霞ヶ浦・北浦からの水路が利根川と合流して流れる流域の北岸に鹿島神宮（茨城県鹿嶋市）、その対岸に香取神宮（千葉県香取市）がある（図12）。古代に神宮を名乗るのは、あと伊勢神宮と石上《いそのかみ》神宮の四つである。

『常陸国風土記』によれば「大化5年（649）に海上《かいしょ》国造の部内と那賀国造の部内とを割いて香島神郡を置いた」とある。先だって大化元年（645）8月には、東国の国司らに詔して、「任国にて戸籍を造り田畝《たはたけ》を測り調べよ」とある。「戸籍を造れ」とは一つには徴兵するためであり、この二つの事柄の意味するところは、この時期に、北方、すなわち出羽の山形以北、陸奥の福島県磐城以北に王権を伸張せよ、という政策が行われたことが顕かとなる（斉明天皇4年〈658〉から6年〈660〉にかけて、阿倍引田臣比羅夫が行った出羽への遠征もこの政策に沿ったものであった）。

鹿島のカシとは、河岸《かし》であり、船を繋ぎ止めるための水中に立てる杭のことであり、鹿島は外洋に出る港であった。港は水門《みなと》でもある。古い神人《じにん》の伝えに、「鹿島の海底に一つの大甕があって、その上を船で行くと、下に鮮やかに見える。此の大甕は鹿島第一の神宝

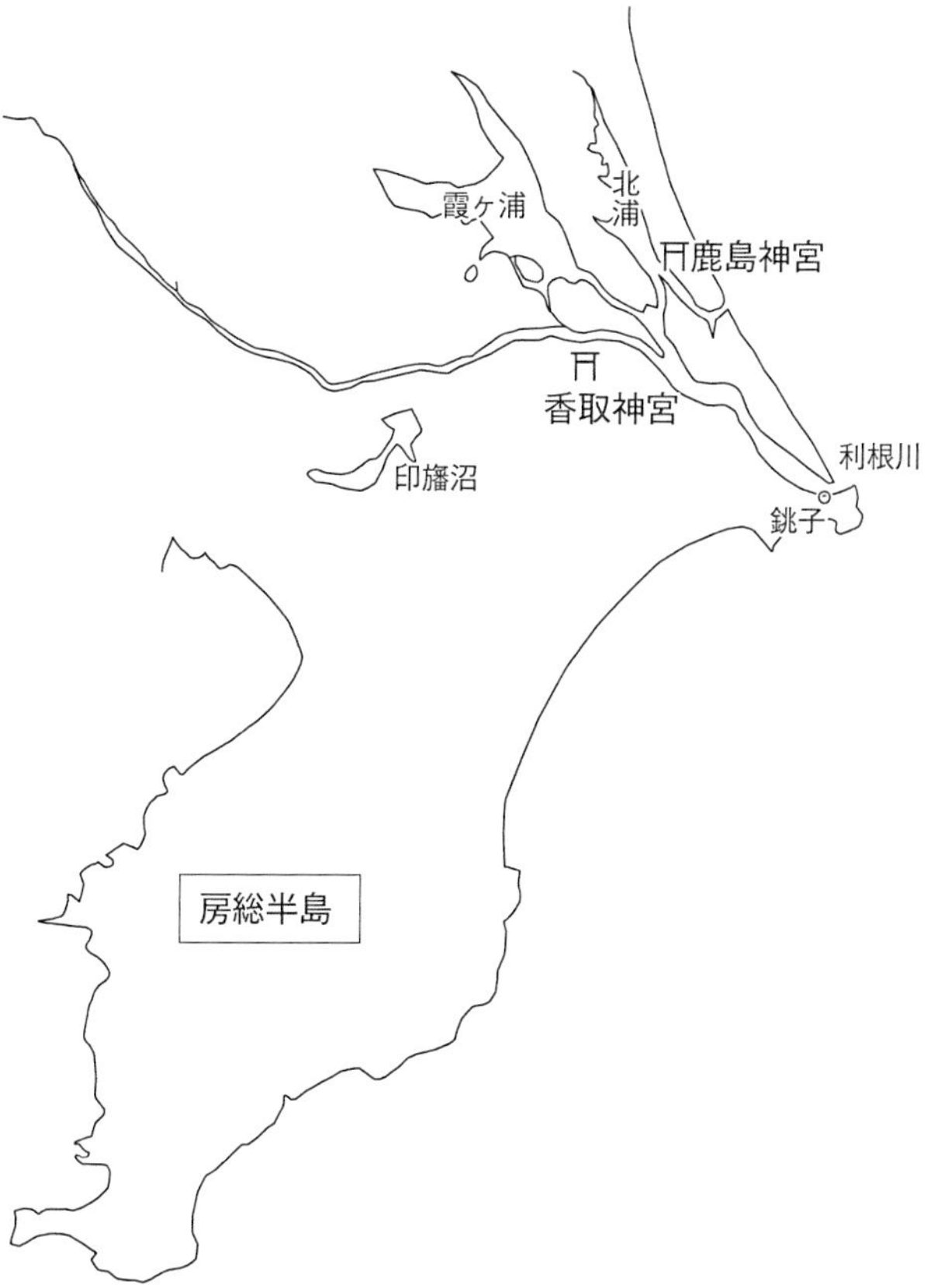

図12　鹿島神宮と香取神宮の位置

として甕速日《みかはやひ》と伝える」という。さらに、康元元年（1256）に鹿島を訪れた藤原光俊《みつとし》（葉室光俊、歌人・公卿、1209〜1276）は、

神さぶる　かしまを見れば　玉たれの　小かめはかりぞ　又のこりける

とうたっている。鹿島の社頭より十丁ばかり離れた、昔日に島であったと思われる所に夥しい数の壺が半ば埋もれてあったのを彼は見たのである。

鹿島の神は、常陸の水郷より外洋に出る境（水門）の神であった。香島神郡は、那珂国造として周辺に勢力を保っていた多氏が中心になって建てた神郡であり、鹿島の神もまた多氏の祀る神であった。鹿島神郡は、そこに北方の蝦夷征討に行く兵士が集められ、またそのための食糧や武器の集積地でもあった。それ故に、光俊の見たその島で、彼らが遠征に赴くに際して、盛んに齊瓮《いわいべ》を据えて祭祀が行われていたに相違ない。

香取神宮

『続日本後紀』承和2年（835）3月条に陸奥鎮守将軍物部匝瑳《そうさ》連熊猪《くまい》に連を改め宿禰を賜う記事が見える。それに続いて「昔物部小事《をごと》大連、天皇より節刀を授かって出て坂東を

征す。凱歌帰報この功勲により下総国に始めて匝瑳郡を建て、以て氏となすことを許された。是則ち熊猪《くまい》らの祖《おや》なり」とある。

香取神郡は香島神郡と同じ頃（大化5年〈649〉）に建郡されたと考えられている。香取神郡の東南に匝瑳郡（下総）があり、北西には信太《しだ》郡（常陸）がある。この辺りの地域は物部小事連を祖神とする物部匝瑳連や物部志陀連、鹿島の神に関わる多氏の諸氏族（茨田《まむた》連・安蘇氏・丹羽臣・島田臣ら）、あるいは船を操り漁《すなどり》を生業とした尾張氏系の氏族（天火明命《あめのほあかり》を祖神とする故に物部氏に近い）凡海《おおしあま》連・大海《おおあま》部直・海《あ》部直らが活動していたことが知られ、香取神郡は主に物部匝瑳国造の部内と多氏系の印波《いんば》国造の部内を割いて建郡されたのではないかと考えられている。

香取の神は、物部氏の氏神フツヌシ（経津主もしくは饒速日命《にぎはやひ》もしくは天火明命《あめのほあかり》）である、と同時に、香取、すなわち楫《かじ》取り船を操る海に生きる人々に信奉された神であった。「フツ」とは沸々と滾《たぎ》る鉄を叩き鍛えた鋭《と》き剣の抽象概念であり、それが物部氏のアイデンティティであった。

また、別の面では、鹿島と香取の神は祀られる神（鹿島）と祀る斎主（斎大人《いわいうし》）の関係にあった。香取神宮にはアサメと呼ばれる女祭司、神の御膳《みけ》を盛りつけ供奉《ぐぶ》する女官がいたという。春の「御田植祭」秋の収穫に際しての「大饗祭《おおにえまつり》」を重要な祭事として行う香取神宮は、鹿島神宮を伊勢の内宮とすれば、その外宮に比すべき神《うけもちのかみ》であった。

古来、鹿島と香取の神は対の神、太平洋に立つ日（鹿島の神）とそれを齋《いっ》き祀る斎主（香取の神）であった。下総・常陸に多く入植していた多氏系・物部氏系の氏族は国造の指揮の元に、霞ヶ浦・北浦の水郷に楫取りとして活躍していた尾張氏系氏族の航海技術を頼んで、蝦夷地征服に出かけていったのであった。

彼らは、辺境に入植した先々に同じ名前の郡を建て（陸前志太《しだ》郡〈大崎市ほか〉・陸奥国磐城行方《なめかた》郡〈南相馬市他〉）さらに、入植した先々に彼らの神を勧請した。『三代実録』貞観8年（866）正月20日条に「常陸国鹿島神宮司言う、大神之苗裔《びょうえい》神は三十八社陸奥国に在り、菊田郡一、磐城《いわき》郡十一、標葉《しねは》郡二、行方《なめかた》郡一、宇多郡七、伊具《いぐ》郡一、亘理《わたり》郡二、宮城郡三、黒河郡一、色麻《しかま》郡三、志太郡一、小田郡四、牡鹿《おじか》郡二」と記す。香取の神については、牡鹿郡に一、栗原郡に一、と『延喜式』にある。彼の地にあっては「賊と居を接して」いたが故に武神タケミカヅチ（鹿島神）・フツノミタマ（香取神）を彼らの身近くに奉祀したのであった。

では、南西方面、九州はどのような情勢であったか。

九州における王権の辺境への拡張は、東北地方に遅れて8世紀より顕著になる。

和銅6年（713）4月条に「日向国より肝坏《きもつき》・贈於《そお》・大隅・始羅《あいら》の四郡を割いて、初めて大隅国を設けた」（続紀）とある。翌和銅7年3月「隼人昏荒《こんこう》、野心にしていまだ憲法に習わず、よって豊前国の民二百戸を移して、相勧め導かしむ」（続紀）とある。1戸あたり平均25人の家族数として200戸でおよそ5000人を移住させたと見られている。既に律令国家の体制に順応していた国の民を、特に新設された国府の周辺に移し、国府・国衙の防衛、及び尚抵抗を続ける蕃夷《ばんい》・隼人《はやと》を同化させるための施策であった。大隅国の国府は桑原郡にあったが、その桑原郡に豊国郷・大分郷の郷名がみられ、近くには豊前宇佐より勧請された八幡神、今の鹿児島神宮がある。もっとも、その同じ地に、隼人の雄族曾君《そのきみ》（後に曽於郡の大領となる）が広く勢力を張っており、彼らの信奉していた神と、豊前より遷移された石体の八幡神とが、習合する形で今の鹿児島神宮があると考えられている。

大隅国の西、薩摩について、続紀大宝2年（702）8月条に「薩摩と多褹《たね》は王化に服さず政令に逆らっていたので、兵を遣わして征討し、戸口を調査して常駐の官人を置いた」。さらに、同年10月条「唱更《はやひと》（辺境を守る役人）の（薩摩）国司らが『国内の要害の地に柵を建て守備兵を置いて守ろうと思います』と言上したのでこれを許した」とある。薩摩国はこの頃に日向国及び肥後国を割いて成立したと思われる。薩摩国府は高城郡（現薩摩川内市）に所在したが、『和名抄』によれば、高城郡に合志《ごうし》・飽多《あきた》・欝木・宇土《うと》・新多《にいだ》・託万《たくま》の6

郷が見られる。そのうちの合志・飽田・託麻・宇土の4地名は、多少の用字の差異はあるが肥後の郡名をそのまま移していると考えられ、大隅の場合と同じく、肥後の4郡より各50戸、合計2000戸5000人が薩摩国府周辺に徙民《しみん》（＝政策的強制移住）せられた。

かくの如く、大化元年（645）8月を機に、律令を本に据える中央集権国家の拡張が行われ、それには各氏族の信奉した神が先駆けて、辺境に祭祀されたのであった。

第八章

技術革新　生産性の向上

馬・馬具・牛

『魏志倭人伝』が伝えるところによれば、卑弥呼の時代（240年）、魏の答礼使は馬牛を見ていない。書紀に馬の初めて登場する記述は、

応神15年8月（3世紀後半に比定）「百済王が阿直岐を遣わして良馬2匹を献上した。そこで軽の坂の上の厩で阿直岐に飼育させた」とある。

313年楽浪郡・帯方郡が相次いで高句麗に攻め滅ぼされて以降、4世紀後半より朝鮮半島加耶・新羅からの渡来の波が始まったと考えられている。その主体をなすのが大族秦《はた》氏と東漢《やまとのあや》氏である。その折に馬も一緒に渡ってきていたとして大過はない。現に先立つ箸墓古墳（3世紀半ば）の周濠より鐙《あぶみ》が出土しているという。

古墳時代前期（3世紀後半〜4世紀後半）、古墳への副葬品は銅鏡・碧玉などの玉や勾玉・腕輪といった祭器装身具が主体をなしたが、古墳中期（4世紀末〜5世紀）に入ると様相は一変し、鉄製刀剣・鏃《ぞく》（矢じり）・甲冑《かっちゅう》・金象嵌《ぞうがん》された装飾馬具類などの武器馬具類が副葬の主体となる。さらに、古墳後期（6世紀）には、百舌鳥古墳群・古市古墳群（大阪府）では、副葬品として規格化された鋲留めの短甲、続いて、草摺《ずり》り（腿《たい》〈ももとはぎ〉を防御する）の

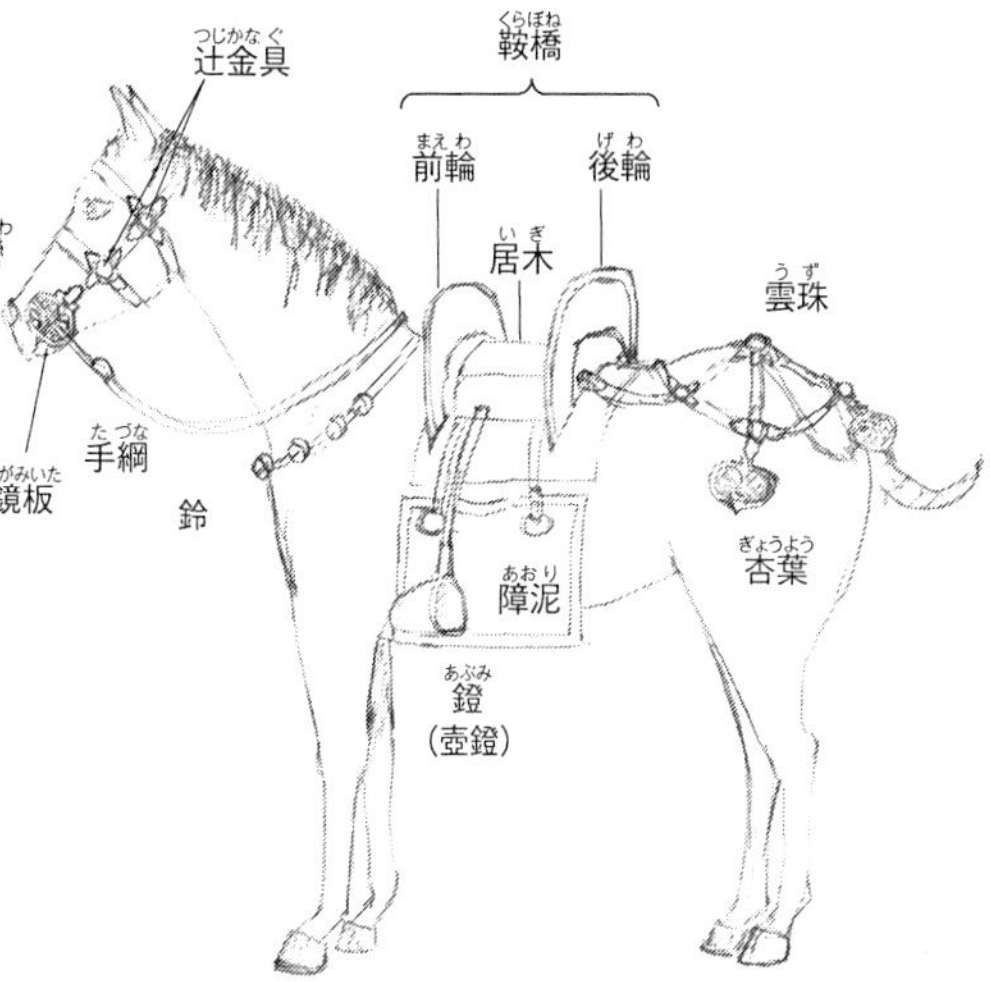

図13　飾り馬

甲斐孝司・岩橋由季『豪華な馬具と朝鮮半島との交流　船原古墳』新泉社、2019を参考に筆者作画

ある挂甲《けいこう》、さらに挂甲をより軽量化した革の小札《こざね》を綴じ合わせた挂甲、といった具合に、甲冑類を副葬する年代毎の変遷が顕著に見られる。さらに、古墳後期（6世紀）になると、装飾を施さない簡素な鉄製の馬具類（轡・鐙・辻金具）の副葬が全国的に中小古墳の下位層にまで一気に拡大している。

　馬具類の副葬は、福岡市老司古墳（350年頃、古墳前期末）を最も早い例とする。馬そのものの陪葬も当然あったと思われるが、木製の鞍・皮革・繊維などを含めて有機物は年とともに分解されて出土しにくい。

宮崎県西都原《さいとばる》古墳群に隣接する百塚古墳群より出土したと伝える金銅透彫り鞍橋《くらぼね》を始めとする二鞍分の馬具類（6世紀、五島美術館蔵、国宝）、福岡県古賀市船原《ふなばる》古墳より出土した馬冑《ばちゅう》・鏡板・雲珠《うず》・歩揺《ほよう》付飾り金具等の馬具類（6世紀）、他に、大阪府丸山古墳・福岡県宮地嶽古墳・奈良県藤ノ木古墳などより注目すべき馬具類が出土している。埼玉県行田市酒巻14号墳出土の馬形埴輪も見逃すことのできない貴重なものである。

これらの考古学的知見の示すところは、古墳前期から中期（4世紀末から5世紀初め）にかけて一つの画期があり、ちょうどそれは応神・仁徳朝が、馬に乗り優れた武力を背景に、九州より瀬戸内を経て河内に上陸し、民を大規模に動員し奈良盆地北部の旧勢力と対峙し、さらに融和していく姿を想起させる。

5世紀後半以降、朝鮮半島より日本列島への往来はますます活発になっていく。馬に関わる馬具・繁殖・飼育・騎乗・騎射の技術は、鍛冶《かじ》・金工・皮革加工・織物・土師器の焼成・製塩など広範な周辺技術と一緒になって、すなわち、人と技術とが一体となって半島よりもたらされたものである（北方、樺太より宗谷海峡を越えて蝦夷に渡った馬、あるいは高句麗より日本海を渡って直接、越前越後にもたらされた馬の存在の可能性もある）。彼らは今来《いまき》の才伎《てひと》と呼ばれている。しかし何といっても王仁《わに》・王辰爾（6世紀）といった漢文・中国史書・経書に通じた人々を将来し、主に百済経由で文字技術を習得したことが、中国（南朝及び北魏を含めて）あるいは半島より、様々な技術・文物を我が物にできた最大の功績であったであろう。

古墳時代中期以降、大和王権ばかりでなく日向・信濃など地方有力首長らによっても、馬の繁殖飼育が広く行われるようになり、後に近江・信濃・上毛野・武蔵・甲斐などに有力な牧が置かれた。それは古墳後期に、中小古墳にまで馬具の副葬が広まったことに端的に顕れている（馬具出土は２９００～３０００ヶ所もの古墳（古墳中期以降の古墳）に及ぶという）。

継体6年（５１２）4月6日「百済に筑紫国の良馬40頭を贈った」

欽明14年（５５３）6月「百済に良馬2頭諸舟2隻弓50張箭50具を贈った」

同、15年（５５４）1月「百済の使者に対して援軍１０００人馬１００頭舟40隻を遣わすと解答した」とあり、6世紀後半には軍馬としての運用が重きをなしていたことが知られる。

大化改新以降それらは大和王権に集約され、馬飼部が置かれ、律令制下、官牧として掌握されていく。

壬申の乱の折、吉野を脱出する大海人と后の菟野讃良を直接護衛した兵力は、舎人を中心とした22人に過ぎなかった。天皇直衛の兵は持統天皇の浄御原令の折に初めて左右衛士府（各２００人）・左右衛門府（各２００人）として編成され、後に大宝令にて、衛門府を一

つにし、左右兵衛府を加えて五衛府に改変された。それらの衛士に供給された軍馬は『延喜式・廐牧式』によれば、

兵部省所管の諸国牧、駿河・相模・武蔵・安房・上総・下総・常陸・下野・伯耆・備前・周防・長門・土佐・筑前・肥前・肥後・日向・伊予の18ヶ国39牧より、総じて馬109匹・牛22頭を毎年、都に貢上させた。貢上された馬牛は、摂津・近江・丹波・播磨の4ヶ国6か所の近都牧《きんともく》にて放牧調教され、諸行事の折に牽進された、という。

この他に、左右馬寮の所管する勅旨牧（御牧《みまき》）が、甲斐・上野・信濃・武蔵4ヶ国に32牧在り、馬牛が飼養された。さらに8ヶ国に国飼馬の制度があったという。

もちろん、将士が騎乗する軍用の馬ばかりでなく、荷物を担う駄馬や農耕馬、近江令・浄御原令以降急速に整えられた駅制伝制の行旅のために用意すべき馬の需要も相当な数であったと考えられる。しかして、6世紀後半より7世紀にかけて、馬牛の需要は急激に増え、併せて供給体制も整えられた様が理解される。

672年、壬申の乱において、騎馬による戦いが行われ、1000頭規模の騎馬兵が動員された。

近江の朝、大友皇子が大海人皇子の吉野脱出を知って群臣に策を問うたところ、ある臣が「急《すみやか》に驍騎《ときうまいくさ》を聚《つど》へて跡《あと》に乗りて逐《お》はむには」と進言した。

飛鳥の旧都に留まった大伴連吹負は、飛鳥に大海人の軍を興そうとして、「我、詐《いつわ》りて高市皇子を称《なの》りて数十騎を率《ひき》いて飛鳥寺の北の路より出でて営《いほり》に臨まむ……」

東道《うみつみち》将軍紀臣阿閉麻呂《あへ》ら倭京《やまとのみやこ》の将軍大伴連吹負が、近江の為に敗《やぶ》られしことを聞きて、軍を分りて置始《おきそめ》連菟《うさぎ》を遣わして千余騎を率いて急《すみやか》に倭京に馳せしむ。

戦いの終盤、吹負は飛鳥旧京より軍を上中下の三つの道に充て北に向けて進めた。吹負自らは中つ道を進んだ。時に近江の将犬養連五十君《いきみ》は廬井《いおい》造鯨《くじら》を遣わして吹負の軍を衝いたが、鯨軍は上つ道の別の軍により後方より攻められ潰滅した。鯨独り白馬《あおうま》に乗りて逃げたが、馬は深田に堕ち身動きが取れなくなった。吹負軍の勇者に追われ寸でのところで射殺されるところであったが、馬に鞭を入れ深田を脱し九死に一生を得た。

馬に関わる以上のような描写を見ることができる。

古代に八尾市から大阪市生野区平野区辺りにかけて河内湖（5ページ図1）があって、その東岸3㎞の範囲に美園・佐堂・久宝寺・加美・亀井の諸遺跡がある。それらの遺跡の古墳初期に当たる3世紀中葉より古墳中期（5世紀）にかけての層より、三韓式土器と伴に牛馬骨が出土しているという。これによれば、3世紀中葉というかなり早い段階（応神・仁徳朝以前、卑弥呼の時代のことになる）に、既に半島からの渡来人の居留があり彼らが牛馬を連れて来たと考えられる（関山洋氏）。

牛は、史料が乏しいものの、馬と同時期に朝鮮半島より渡来したと考えるのが自然である。

書紀では、安閑天皇2年（535）9月条に、大連に勅《みことのり》して云《のたま》わく「牛を難波の大隅嶋《おおすみじま》と媛嶋《ひめしま》松原とに放て……」とあり、淀川北岸の摂津市に近い東淀川区と、河口の西淀川区に御牧があった。瀬戸内海より淀川河口に入るこの辺りは、古代であっても物流の要で、淀川を遡上する舟を曳く労働力として牛が重宝したものだろう。

総じて、牛は湿潤で沼沢地の多い畿内で、車の牽引・犂《からすき》を使った水田の起耕などの労働力として活躍した。これに比べて信濃・甲斐・下野・上野・武蔵のように比較的乾いた土地では専ら馬が活躍したと考えてよいだろう。

後世、牛馬の需要は増々増大し、河内国大江御厨《みくりや》の前身である西ノ辻遺跡（東大阪市西石切町）では、平安・鎌倉時代に夥しい数の牛馬の屠殺・解体処理が行われていたことが明らかにされている。また、平城京・平安京のそれぞれ大和川・大堰川の下流域（条坊の南西端）でも牛馬の屠殺・解体処理が行われていたことが明らかにされている。

大宝令の中に租税の一環として官馬があった。「中等の馬であれば100戸毎に1匹の馬を細馬《よきうま》であれば200戸毎に1匹を出だせ。其の馬買はむ直《あたい》（馬を貢上できない場合の対価）は1戸に布1丈2尺」というものであった。この令の発布はその時点でおよその里どの戸においても、馬や牛を飼養し農耕に使役していたことを前提としていると考えられる。馬が大陸より渡ったことが確実な4世紀後半よりこの7世紀末までの間に、馬はどこへ行ってもどの戸であっても普遍的に見られる家畜にまでなっていたのである。

後世のことであるが、787年に陸奥按察使《あぜち》に対して「狄馬《てきば》の交易を禁ず」と太政官符が出されている。蝦狄《えぞ》（＝日本海沿岸居留民、に対して蝦夷《えぞ》は太平洋側の居留民を指した）の貢上する馬（狄馬《てきば》）は体格が大きく優駿の誉高く、これを朝廷が独占しようとしたものであった。「甲斐の黒駒」も優れた馬の代名詞であった。10～12世紀には蝦狄との交易によって朝廷は良馬を得ていた（陸奥交易馬）。それをさらに奥州藤原氏が引き継ぎ良馬を貢上した。最初4世紀に半島よりもたらされた蒙古馬は脚も短く体高130㎝ばかりであった（6ページ図2）のに対して、北方から伝わった寒冷地に育った馬が体格において優れていたのは生物一般の法則（寒冷地に生息する動物は大型化する）に因ったものであろうか。もちろん優れた馬を残し交配によって品種改良の努力もなされていたであろう。

藤原京造営（694年頃）の際に造られた運河跡に廃棄された馬の歯や骨の分析結果について、奈良文化財研究所より興味深い報告が出されている。それは主に馬歯のエナメル質に含まれるストロンチウム同位体の成分分析によったものであるが、出土の馬の多くは4歳以前に東日本内陸部すなわち信濃・甲斐・上毛野・下毛野・陸奥にて飼育され、4歳以降に藤原京に持ち込まれたと推定される、としている。この頃既に、良馬の産地としてそれら信濃以下東国の国々が認識されていたものだろう。今後の馬歯馬骨による分析が、馬の体格の地域性や時間的な分布を明らかにするようになればさらに興味深い結果が得られるのかもしれない。

鍛冶・製鉄

銅鏡については、弥生前期末（BC5世紀）にもたらされ、その鋳造技術もBC400〜300年頃に銅器・鉄器共にほぼ同時期にもたらされたと考えられている。鉄素材を加熱し叩いて加工する鍛冶技術は弥生中期（AD0年頃）にもたらされ、弥生後期初め（1世紀）に鍛冶工房が急増している。鉄素材を1200℃近くに加熱し、脱炭あるいは浸炭を行う精錬工程を経て初めて錬鉄・鋼を得るが、その鉄精錬は既に3世紀末から4世紀にかけて纏向遺跡・博多遺跡等で行われていたとみられるが、さらに製鉄にまで進んでいたかは定かではない。製鉄技術については、古墳後期中葉（6世紀中頃）には鉱石を利用した製鉄が始められていたようである（千引《せんびき》カナクロ谷遺跡〈岡山県総社市〉）。

中国大陸や朝鮮半島で行われていた製鉄法は間接製鋼法と呼ばれ、鉄鉱石を加熱溶融して溶けた湯を攪拌し銑鉄を生産してから鋼を得た。これに対して日本では「たたら製鉄」と呼ばれる直接製鋼法が行われていた。鉄鉱石や砂鉄を比較的低温度（１１００〜１２００℃）で加熱し、半熔融状態で直接海綿状の鉄塊（錬鉄）を得た。古代の倭人（あるいは渡来人）がこのたたら製鉄の技法をどのように習得したかは分かっていないらしい。

鋳造で得られる銑鉄は炭素含有量が多く硬くて脆い（純鉄の溶融温度は１５３８℃であるが、炭素含有量が高くなるにつれ融点が下がるという）。金床の上で赤めた鉄素材をハンマーで敲くのは炭素や不純物を取除く作業であり、炭素濃度を低くして初めて硬さと靭性《しなやかさ》を備えた鋼（炭素含有量０・０２％〜）が得られた。当時の倭国は、鍛冶の素材を古墳中期（〜５世紀末）までは、半島の加耶（任那）からの輸入に頼ってきた。ちょうどその頃に（５世紀末）鞴《ふいご》が普及し、加耶の鉄鋌（鉄の延べ板）の代わりに砂鉄（あるいは砂鉄を含む母岩の鉱脈＝鉄鉱石）を火にくべて海綿鉄を得ることが試みられたのではなかろうか（精錬鍛冶の工房はたたら製鉄の工房と基本的に同じ構造を持つ）。

もう少し製鉄について理解を深めたい。

中国山地で採取されるたたら製鉄の砂鉄は、地下のマグマが冷却して形成された火成岩中に含まれるチタン磁鉄鉱・フェロチタン鉄鉱が風化作用によって母岩から分離したもので、真砂《まさご》砂鉄（a）と赤目《あこめ》砂鉄（b）の2種類があり、（a）は酸性の花崗岩・花崗斑岩・黒雲母花崗岩などを母岩とする磁鉄鉱系を主成分とし不純物が少なく優れている。光沢のある漆黒色を呈し、粒が大きく分離しやすい。溶融温度が高い（1400℃以上）。

（b）は玄武岩・安山岩・閃緑岩などを母岩としてフェロチタン鉄鉱の混合したもので、チタンや不純物が多い。母岩中に多く含まれるため比較的容易に得られ、また融点が低く各地で多く使われたが、たたらで鋼にすることは難しかった。

たたら製鉄の炉は煉瓦を積んで築いたバスタブ様の箱型で、細かく砕いた木炭と原料の砂鉄に火を入れ一方より鞴《ふいご》で送風し火勢を高め高温にした。ある温度に達すると火焔の中に海綿状の鉄の塊《るっぺ》が出来、それを取り出した。その海綿鉄は既に錬鉄と同じであった。もちろん、燃焼方法・温度他数多のノウハウがあるであろうが、炭素分の少ない良質の鋼を得る最大の条件は良質の原料を得ることに尽きるという。

海綿鉄とは、砂鉄などの鉱石を熔融に至らない800～1000℃で低温還元することで得られ、酸素の抜けた孔が空洞として残り海綿状を呈する。熔融に至らないため炭素・硫黄などの吸着がなく純度の高い錬鉄が得られた。木炭を混ぜ還元雰囲気で1000℃を超えないよう燃焼を保つことが必要であった。炭素分の吸着が0・02～2・1％に達したものが鋼で、刀剣などの武器・農工具は鍛冶によって鍛えた鋼が原料となる。それ以上の炭素含有量のものは銑《せん》と呼ばれ硬くて脆い（鋳鉄）。

古代（6世紀）の製鉄遺跡は、中国山地、山陰側出雲伯耆《ほうき》の砂鉄を原料としたもの（松江市玉ノ宮遺跡・邑南町今佐山遺跡・雲南市掛合町羽森遺跡）、山陽側では鉄鉱石を原料として備前（総社市千引カナクロ谷遺跡）、他に近江（大津市源内峠遺跡・木瓜原《もっこう》遺跡〈7世紀〉）の例が知られている。『出雲国風土記』飯石郡《いひしこほり》の条に「波ノ多イ小川鉄《まがね》あり」、仁多郡の条に「以上の諸郷より出す所の鉄堅くしてもっとも雑物《くさぐさのもの》造るに堪ふ」とあり、製鉄が出雲の各所で行われていたと考えられる。

備前の鉄鉱石を原料とした製鉄は11世紀に途絶えるが、11世紀以降、砂鉄を原料とするたたら製鉄が全国に波及し、技術革新（天秤鞴《ふいご》による送風、鉄穴流《かんななが》しによる砂鉄採取）を経て近世に及んでいく。

話を古代に戻そう。

任那は洛東江下流域の西側の金官・加耶・安羅・卓淳・高霊などの諸国邑の総称（26ページ図4）であり、あるいは天皇氏族のルーツの地として古くより、倭国は時に兵を派しその権益を主張してきた。その権益の大なるものの一つが加耶に産する鉄鋌であった。

562年、その任那の最後の拠点大加耶（高霊）も新羅に屈し、倭国は任那を失ったのであるが、ちょうどその頃には上述のように製鉄が始められており、任那の経済的価値は低くなっていたと推測される。

645年(及び663年)、任那問題に終止符を打ち、倭国は対外的に領域を画した国家「日本」として朝鮮半島と決別していくが、その導線が既に、製鉄・鉄器生産の増大、それに誘引された農業生産他諸産業の勃興のあった6世紀に敷設されていると考えるのである。

縄文から弥生時代の竪穴式住居は中央に石で囲った炉を作り、煙を真上に抜く構造であったが、古墳時代初頭(3世紀後半)、北部九州に、煙道付きのドーム構造の竈《かまど》を、切妻屋根の妻側に寄せ、煙道を地面及び土の大壁の中に這わせるオンドル式の火処を持つ住居跡が検出されたという(福岡市西新町《にしじんまち》遺跡のほかに、滋賀県穴太《あのう》遺跡・奈良県高取町清水谷遺跡・市尾カンデ遺跡・小松市額見町遺跡などの例あり)。それらは任那加耶や新羅から渡ってきた渡来人の集落に成立したものに相違ないが、この煙道付きの竈(火処をドームで覆う)の構造こそは、鍛冶技術、あるいは須恵器・土師器の高温焼成の技術に直結したもので、その頃(3~4世紀)に鉄加工技術の革新があったと思われる。

最も早く現れる纏向遺跡・博多遺跡群は、半島からの鉄資源を独占的に獲得した大和王権が、渡来人による高度な鍛冶技術を囲い込み、武器などの鉄製品を専門鍛冶集団の工房

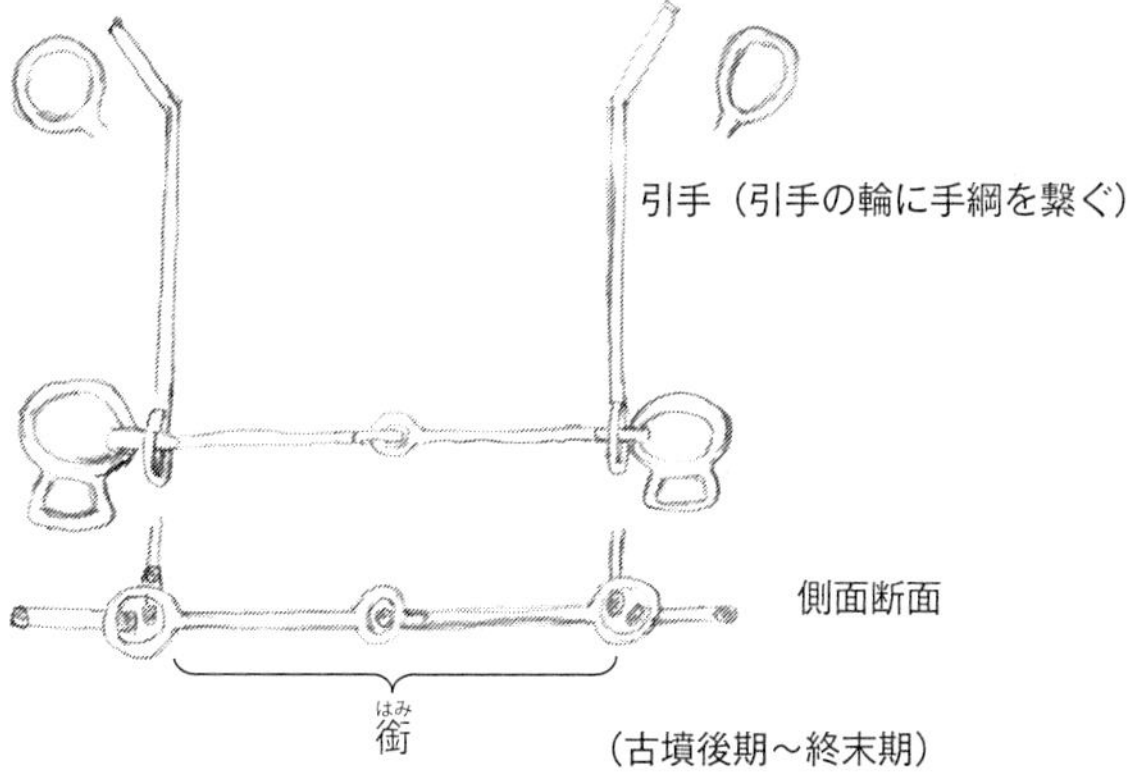

図14　円環轡の典型例

村上恭通『モノと技術の古代史　金属編』吉川弘文館、2017を参考に筆者作画

で行った跡であると位置づけられている。次いで南郷遺跡（奈良県御所《ごぜ》市）・布留《ふる》遺跡（同県天理市）が精錬まで行われた大規模鍛冶遺跡（古墳中期、5～6世紀）として注目される。それぞれ前者は葛城氏の、後者は物部氏の支配した工房群で、他に須恵器・金工等の生産工房を伴う。

先の指摘の通り、古墳中期に甲冑類が古墳副葬品の主体をなしたが、規格化量産された長方板革綴《かわとじ》短甲と付属する頸甲はその特徴的なものであった。圧延した鉄薄板を鍛接《たんぜつ》したり、叩いて曲面加工、あるいは折り曲げ加工を施したもので、延展の鍛鉄技術に革新があった。

古墳後期（7世紀）になると、中小古墳あるいは群集墳の副葬品に簡素な鉄製の轡《くつわ》・鐙《あぶみ》といった馬具が多く見られるようになる。殊に轡は、長さ7㎝ほどの両端に円環をもつ鉄の棒を2本繋げた銜《はみ》の両端に鏡板と呼ばれる瓢箪型の鉄輪を繋げ、さらにその鉄輪に手綱の引手金具を遊びのある環で繋ぐものだが、それぞれの端が全て円環になっている。円環は鉄棒を丸くしてその端を鍛接するが、鎖のように他の円環を繋げた状態で鍛接してある。しかも鍛接部は全く判らないほどに綺麗に仕上げてあり、ここに革新的技術がある。恐らく畿内の大和王権の工房で一元的に制作されたものであろうという。さらにこの時期になると、製鉄・精錬・鍛造の大規模鍛冶工房と、各村落の需要を満たす小規模な村方鍛冶に分化していくと指摘されている。

次に農具工具について見てみよう。

鳥取県青谷上寺地遺跡《あおやかみじちいせき》（弥生後期〜古墳前期、1〜3世紀）では鉇《やりがんな》・斧・鑿《のみ》・刀子《とうす》・鏨《たがね》・穂摘み用鎌などの鉄器が、それらによって加工されたであろう木器や骨角器を共伴して出土している。

阿蘇町下扇原《しもおうぎばる》遺跡（弥生後期〜、1世紀）からも、1500点以上もの鉄製工具が出土している。この時期に鉄素材を加工する鍛冶技術は既にもたらされていたと考えられるが、これらは纏向遺跡に先行する時代に相当する。遺跡は阿蘇黄土（リモナイト、褐鉄鉱）の土壌の上に立地し、黄土は多量の鉄分を含む。製鉄には不向きと考えられるが、この遺跡で

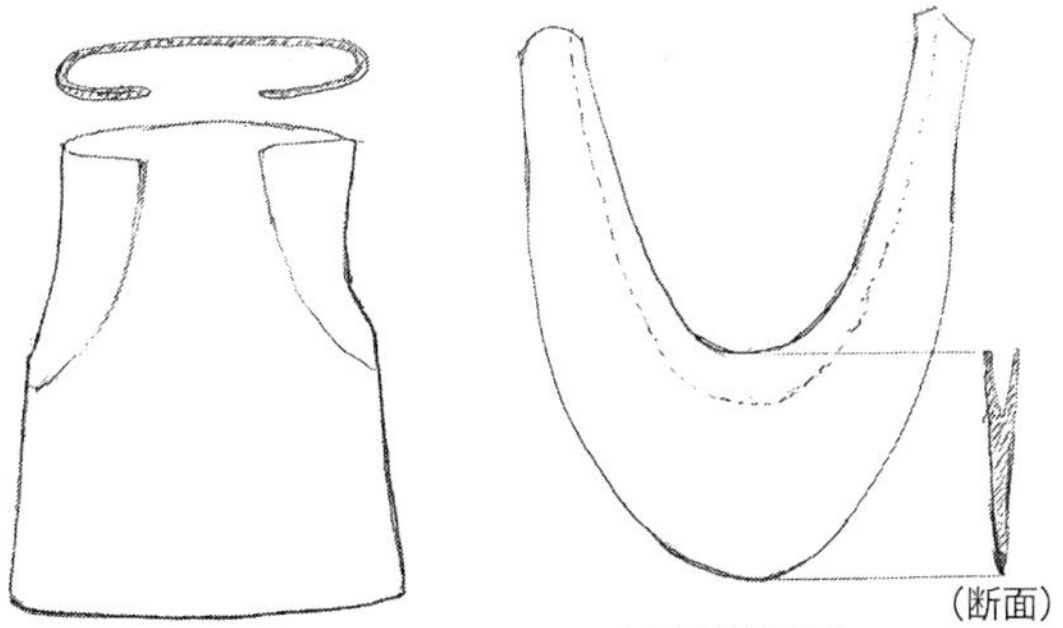

図15　鍬鋤先の典型例

村上恭通『モノと技術の古代史　金属編』吉川弘文館、2017を参考に筆者作画

最も早く黄土を利用した製鉄が行われたのではないかと考える向きもある。

農工具についても先の指摘の時期、古墳前期末〜中期（4世紀末〜5世紀）に画期があり、伐採用の大型斧・縦斧・手斧（横斧）・有袋鉄斧・茎式鋸《のこぎり》（製材用）が現れ、木工具の編成が革新された。あるいはU字形鍬《くわ》先・鋤《すき》・直刀鎌・曲刃鎌などの農具がこの時期以降普及していく（図15）。

海の中道遺跡（博多湾口）では、弥生後期後半（2世紀）に比定される鉄製釣針が200点以上出土しており、延縄《はえなわ》漁に使われたのではないかと考えられている。釣針は九州各地・高知県で頻度が高い。

釘及び鎹《かすがい》の利用は古墳中期（5世紀初め）、横穴式石室墓とほぼ同じ頃、釘付け式木棺と

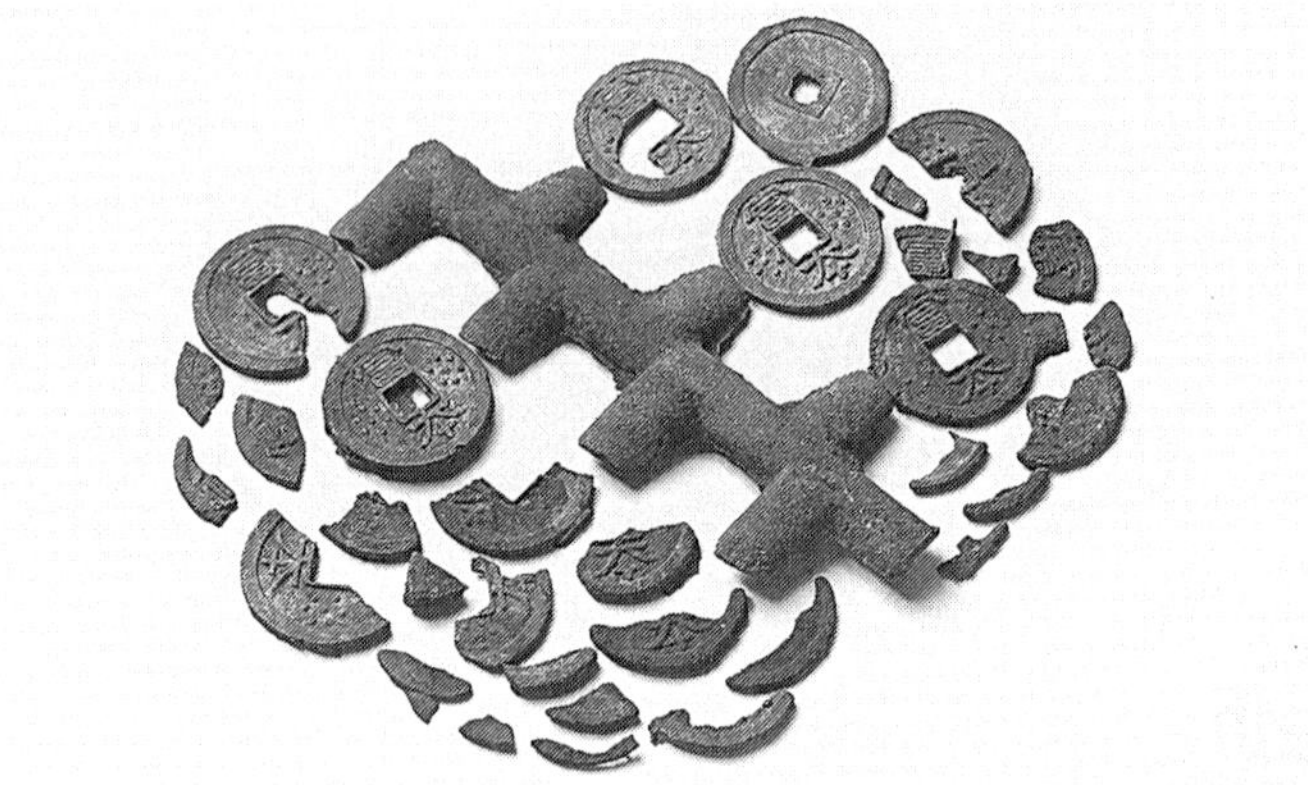

図16　飛鳥池遺跡から出土した富本銭と鋳棹（写真提供：奈良文化財研究所）

して始まっており、これによって棺の軽量化がなされた。建築現場での釘の使用は、創建時の法隆寺（7世紀初め）に残存しており、最も早い例と考えられている。倒壊した姿で発掘された山田寺回廊からも多数の釘を検出している（7世紀前半）。炭素量の少ない軟鉄をたたき鍛えながら成形・切断し、頭となる部分を短く折る、あるいは別の鉄素材を巻いて鍛接している。飛鳥時代の釘が最も太く時代が下るにしたがって細くなっていく。

天武・持統天皇の浄御原宮の北東、今の万葉文化館の構内に飛鳥池工房遺跡がある。両天皇の時代に盛んに操業していたと考えられ、金銀の加工工房、鉄の鍛冶炉、最古の銅銭富本《ふほん》銭を鋳た鋳造工房、ガラス・琥珀等の玉加工工房、漆器・陶器工房などの跡が検出されている。王権直属の官衙であった。木製の「様《よう》」と呼ばれるモデル（発注書の機能があったか）に形状を合わせて生産が行われていたようである。

7世紀後半、天武持統天皇の時代、製鉄・精錬・鍛冶・金工の鉄に関する技術は、対象に最適な鋼を自在に獲得し、可動部の加工・鍛接・曲面加工などの加工技術に至るまでほぼ完成の域に達していたと考えられている。甲冑や馬具にしても古墳中期（5世紀）から飛鳥時代（7世紀後半）にかけて一気にその出土量が増し、社会全体の産出高も一気に増大したとみられるが、量的な裏付けを得るのはなかなかに難しい。

土器・土師器《はじき》・須恵器・瓦

陶器類の時代的変遷を知るために、何をどう調理し食べたかの食文化の流れを理解しなければ先に進めないようなので、考古学の成果を少し辿ってみたい。

弥生時代初期より古墳中期（5世紀後半）までは、揚子江下流域あるいは東南アジアからもたらされた長粒種の粘り気の弱い米品種を多く食していた。縄文土器同様の下部の細く尖った口径の大きな土器を地面に直に置き「側面加熱蒸らしを伴う湯取り法炊飯」すなわち、沸騰後に器を傾けて湯を捨て、蒸らしを行った。この炊飯法は4世紀まで弥生時代・

古墳時代前期を通じて行われた。これは現在でも東南アジアの各所（奥地や島嶼）で行われている炊飯法のようである。さらに弥生式土器では、炊飯以外に用途に合わせ、貯蔵するための甕、炉に直に置く甕、三つの石を利用して浮かせて置く壺、炊く煮る茹でる蒸すに合わせて様々な器形への分化が見られるようになる。

古墳前期（3世紀～4世紀）に、既述の通り、煙道付きの竈を備えた住居が半島より入ってきたが、同時に粘度の高い短粒の米品種が徐々に浸透してきたようで、古墳中期後半（5世紀半ば～）になると、煙道付きの竈に長胴鍋を差し込み、その上に甑《こしき》を置き、米を蒸すようになった。この炊飯から蒸し米への転換は短期になされている。奈良時代でも木製甑が多用されており蒸し米が続いている。平安初期（9世紀）の西日本より、米蒸し法はさらに炊き干し炊飯法（現代に続く炊飯法）に転換していき、10世紀後半には東日本も含めて、炊き干し炊飯法（鉄羽付き釜を使用）に転換したとされる。以上の変化は、米の（a）熱帯ジャポニカ種（長粒粘度小）から（b）温帯ジャポニカ種（短粒粘度大）への切り替わりによって説明されている。（b）短粒は（a）長粒に比べ軟らかく形が崩れ易い。よって水は少な目でよく炊飯時間を短くする必要がある。両者が混ざっているようなコメの調理法として甑によって蒸すことが捻出されたと考えられている。粘り気の異なる米品種を混ぜて炊飯するのは水加減が難しい。蒸す場合には水加減に留意する必要がなく、硬めのうるち米（長粒種）に合わせて長時間蒸せば良かった。さらに蒸し米は炊飯に比べて保水率が低く傷みにくく、一度に大量に蒸すことも可能であった。蒸し米法の短所としては、薪燃料消費量がおよそ倍にもなることであった。

7世紀後半から奈良時代になると食事の様相が変わってくる。粘り気の強い米品種に徐々に転換し、銘々に供された箸と碗（椀鋺）による食事で、蒸したり茹でたオカズを食膳に供し塩・味噌・醬《ひしお》で各自味付けしながら食べ、さらに汁物を別に供した。

明治以降、土器の様式とその編年による名称によって縄文時代弥生時代の区分がなされたが、大雑把にいって以下のように分けられる。

縄文式土器　焼成する対象を露出させたまま野焼きされた。焼成温度の低い軟質土器。

弥生式土器　粘土を素焼きした赤褐色の軟質土器、焼成する土器に土や藁を被せ焼成温度を高く保とうとした（**酸化焔焼成**）。器厚はやや薄くなる。稲作の開始とともに米の炊飯用として始まり、やがておかず調理用の土鍋の分化が見られるようになった。櫛目紋・線状紋などを持つものもある。

土師《はじ》器　古墳時代以降の軟質土器で弥生式土器の延長線上にある。火処に土や繊維の固い稲藁類を被せドーム状に覆い焼成温度を高く保つ工夫もなされた。焼成温度は700〜800℃。酸素が遮られることはなく**酸化焔焼成**され、胎土に含まれる鉄分の酸化によって焼き上がりの色は赤褐色を呈した。

須恵器　煙道をもつ窖窯《あなかま》（登り窯の祖型）で焼成された。薪燃料をたくさん投入することによって焼成温度は900～1200℃に達し、高温に達したところで焚口を密閉した。これによって**還元焔焼成**され、胎土から酸素が奪われる反応が促進された。よって焼き上がりの製品は灰色を呈し、土師器に比べ硬質であり、水の透過性がなく、液体の貯蔵に適した磁器に近いものとなった。須恵器は朝鮮半島栄山江流域より渡来・帰化した人々によってその技術がもたらされたと考えられている。時に自然灰釉《かいゆう》を被り淡緑色を呈する。薄手で耐久性が高い。

ただし、須恵器の出現によって土師器が消滅したのではなく、土師器はより廉価な陶器、あるいは直火に掛けられる調理器具として存続した。

弥生式土器はさらに様式によって分類されている。遠賀川《おんがかわ》式土器がまず弥生草創期（BC1世紀～）の土器として登場する。壺・甕《かめ》・鉢などの器種がみられる。甕の頸部のくびれは縄文土器に近く小さい。遠賀町慶ノ浦《けいのうら》遺跡出土の双口壺が名高い。豊橋市白石遺跡からも同様式の土器が出土している。

次いで、豊中市庄内小学校校舎敷地より出土した庄内式土器（弥生前期、3世紀前半～）が弥生式土器の典型として現れる。底部が尖り気味の丸底で頸部をくびり大きく開く口縁を持つ壺、顕著な段をもつ高杯、鉢などがみられる。紐造りであるが器表面を刻み目の付いた叩き板で叩き、内側を箆《へら》で削り極薄に仕上げる。野焼き法も、稲藁を隙間なく被せ、その上に土を置きより高温で焼成し強度を得た。焼成された壺は、それを浮かせて下部全面に焔を当て短時間強火で米を炊飯した。沸騰後に器を傾け、湯を切りそのまま蒸らしを行った。

天理市布留町・三島町に広がる布留遺跡（3世紀後半～4世紀）より出土した土器は古墳前期の典型的土器として布留式土器と呼ばれている（古墳時代に属するので土師器に括る）。

頸部をくびり口縁を二段に立ち上げる壺、古墳の辺縁に置かれた祭器（埴輪）などが出土している。丸底球胴の布留式深鍋は、ある程度成形した材料を型に当て、内側より拳骨《げんこつ》でまんべんなく叩いて極薄に仕上げている。球胴薄手化は、米品種が粘り気のより強いものに変化した結果、湯取り法炊飯の茹で時間の短縮化のニーズがあったと考えられている。

弥生中期より古墳前期（4世紀末）まで鼓《つづみ》型の器台が検出される。これは球胴鍋での炊飯時に沸騰した湯を、鍋を傾けてこぼしそのまま蒸らす際に鍋を据えて使用したものだろう。

古墳中期（5世紀前半～）に顕れて来た須恵器は、成形に轆轤《ろくろ》を使用したこと窖窯《あな》によって高火度焼成を行ったことで画期的であった。杯盤・皿・鉢・壺瓶などの食膳具から貯蔵具の大型甕まで器種は多岐にわたる。土師器は直接火に掛けて煮炊きに使用できたが、須恵器は直接火に掛けると割れてしまった（土師器生産では、熱ストレス破損への耐性を高めるために胎土に砂を混ぜた。砂を入れることによって熱伝導率を高め膨張率の部分格差を小さくした）。よって須恵器は直接火に掛けられることはなく、貯蔵用の大中型甕・壺、蓋杯《ふたつき》や高杯などの食膳具が専ら生産された。

堺市泉北丘陵一帯に広がる和泉陶邑《すえむら》窯跡群がその典型的な遺跡である。5世紀前半に生産が開始され8世紀前半にかけて隆盛し、その窯跡は500基にも達するという。8世紀後半より9世紀にかけて徐々に衰退し平安時代初期に生産を停止した。その初期には大型甕（容量100～200L）が個体比で七割以上を占めていた。「法隆寺流記資材帳」に甕の寸法・容量による区分が載っているが、最大のもので五石（600L器高120㎝）のものから最小で五斗（35L）のものまで分けられている。大型甕の主な用途は酒・醤《ひしお》・酢を造る醸造用であったと考えられている。官衙に大膳職・造酒司があったが、そこでは温度を一定に保つために地面に穴を掘り甕を並べ据えて醸造を行っていた。そのような施設が、藤原宮1ヶ所、平城宮27ヶ所、平城京55ヶ所で検出されている。中小型の甕は「缶（25～35L入り）」と呼ばれ、平城宮跡出土荷札木簡に「但馬国正税餡五石を三斗六升入り缶十三口、三斗二升入り缶一口」で運んだことが見え、縄をかけて運搬のための容器としても利用されていた。

そのほかに、「由加」と呼ばれた浅甕（肩に四つの把手があり縄を掛けて水を運搬した）、風船技法によって作られた俵型の横甕（5〜15L、7世紀に広範に使用された）が顕著なものであった。陶邑窯跡群では時代を降るに従って器種構成が変わる。甕の占める割合が徐々に減り食膳具の割合が増す。さらに8世紀になると仏教の影響が見られ、仏前に供えられた本来金銅製のものであった水瓶《すいびょう》・浄瓶・供養膳具の鉢類の模倣品が見られるようになる。同じく8世紀に、須恵器は地方各集落にまで波及し全盛期を迎えた。

陶邑窯跡群は9世紀後半に須恵器生産の役割を終えた。煙道をもつ窖窯は空気の流れを良くし薪を大量にくべることによって高火力を得た。陶邑窯跡群の終焉は周辺の薪燃料を消費し尽くしたことに因ったと考えられている。

地方では、例えば群馬県金山丘陵窯跡群・石川県南加賀窯跡群では、6〜7世紀前半であってもその生産量の7〜9割を大型甕が占め、高い生産水準を保っていた。しかし徐々に衰退し10世紀半ば以降に須恵器生産地は消滅し、貯蔵具としての甕・壺は市場より姿を消した（貯蔵具としての甕・壺が消滅して以降、猿投古窯跡群・渥美古窯跡でそれらが生産されるようになる11世紀までに空白期がある）。

土師器須恵器の壺類は、先に言及した通り祭祀にも盛んに使われた。7世紀後半には、食膳具に須恵器が広範に使用され始め、窯業の興隆期であった。

ところで陶邑窯跡群からは夥しい量の須恵器の遺物が見つかっている。森浩一氏はそれらの遺物の器形・法量の変化を、空間的かつ時系列的に探る編年研究を始められた。須恵器の何がどのようにいつ頃生産されたかの編年研究は、その後多くの研究者に受け継がれ、今では「須恵器編年表」は「時間尺」（実年代を探る物差し）として、多くの発掘現場で時代の特定の鍵として有効に使われている。

須恵器は古墳後期（6世紀）の遺跡からはほぼ例外なく出土している。陸奥国（岩手県）にまで陶邑製品が流通していたことが明らかにされている。須恵器は地産地消の財貨ではなかった。生産地が限られ、しかも広範に需要された財貨であったが故に、必然的に商品流通が図られねばならなかった。陶邑の須恵器はどのように生産が統制されたのであろうか。また、どのように流通が図られたのであろうか。それぞれの窯跡群には大村氏・荒田氏・大庭氏などの帰化系有力氏族があったことが分かっている。彼らが生産を主導したのであろうか。陶邑窯跡群全体で、早い段階より製品の規格統一がされていたことも明らかである。運営に官衙が関わっていたのであろうか。

窯跡群の中心を流れる石津川に沿った深田橋遺跡は、分析の結果須恵器を集荷、選別し、さらに石津川を利用して搬出するための基地であったと位置づけられている。水運を利用した商品流通は最も蓋然性が高い。須恵器は6世紀以降盛んに商品流通したと考えられるが、流通の姿を明らかにするのは今後の課題であろう。

瓦　瓦は瓦葺き屋根の建築様式と一緒にもたらされた。538年の仏教公伝より数えて50年ののち、用明天皇、その皇太子である聖徳太子、そして蘇我馬子は仏教に帰依する姿勢を示し、その導入に熱心であった。馬子らは用明天皇亡きあとの皇位をめぐる争いの中で、排仏派の物部守屋を倒した。その翌年、書紀崇峻元年（588）是年条に、百済より来訪した使節と共に、仏舎利・僧恵聰らのほかに、二人の寺工・鑪盤《ろばん》博士、三人の瓦博士・画工らが遣わされてきたことが見える。これは馬子の計らいが大きかったものと考えられるが、これによって法興寺（飛鳥寺）の建築が軌道に乗った。ちなみに、鑪盤博士とは、塔の最上階の屋根の上の相輪と呼ばれる銅製構造物（鑪盤・覆鉢《ふくばち》・九輪・水煙・竜舎・宝珠より成る）の制作と設置を指導する立場の技術者であったであろう。

瓦葺きの屋根は、従前の草葺き・板葺きのそれと比べて格段に重い。平瓦（30×36㎝）4kg・丸瓦（径20×36㎝）2kgとして、平瓦と丸瓦のみで構成された1㎡当たりの瓦の重量は、少なく見積もって60kgにもなる。軒先は軒丸瓦・軒平瓦の軒瓦で化粧されるが、それらの重量は通常の瓦の1・5倍ほどにもなる。さらに大棟の稜線上には熨斗瓦が載り、それらと丸瓦・平瓦との境目には面戸瓦が見切りに使用される。また大棟の端には鴟尾《しび》が載り、各斜面のへりと境には熨斗《のし》瓦と丸瓦が載り、その端は鬼瓦によって装飾される（図17）。

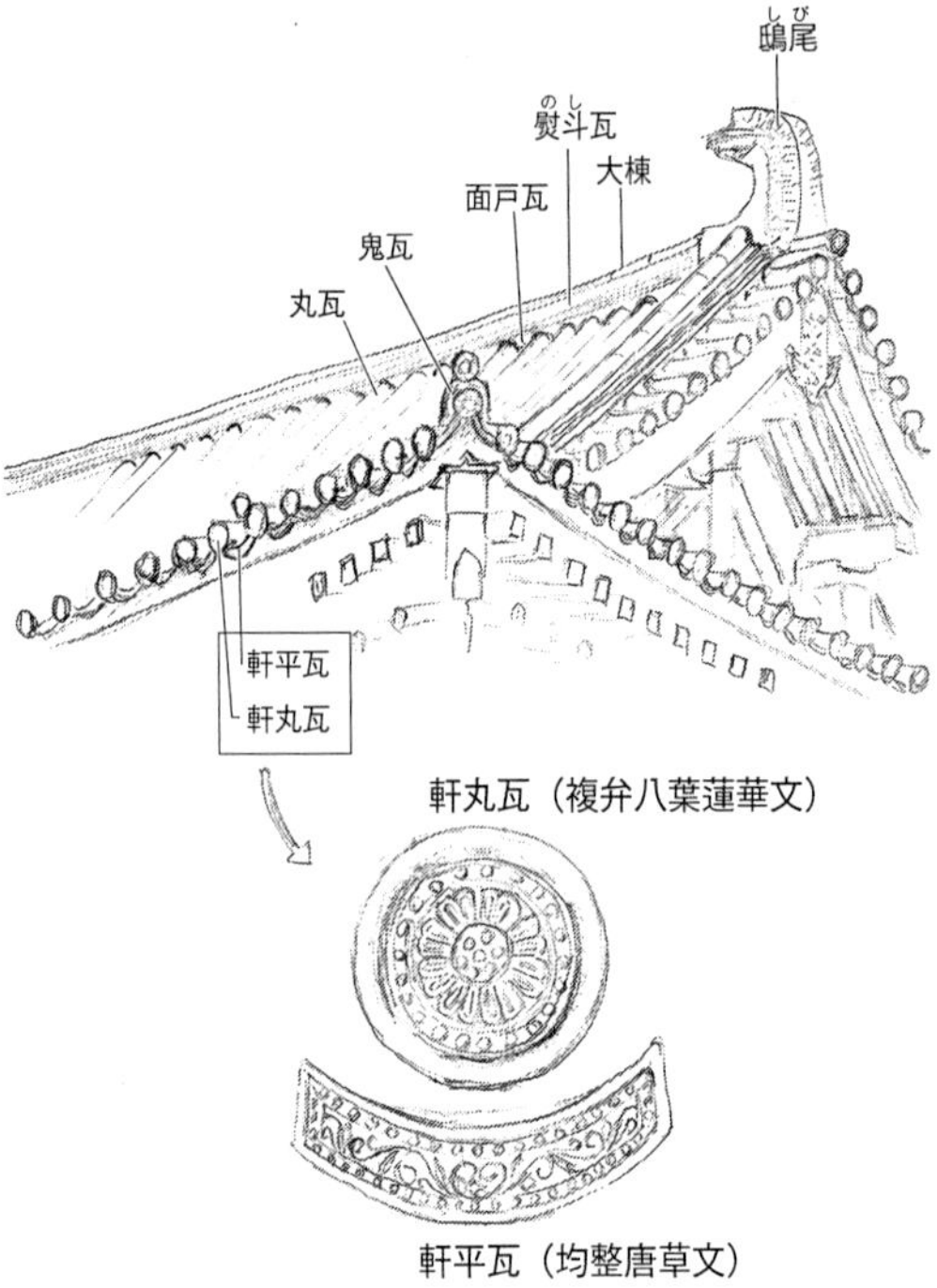

図17　屋根瓦の名称

石井清司『平城京を飾った瓦　奈良山瓦窯群』新泉社、2016を参考に著者作図

それらの屋根全体及び軒先の荷重を支えるため、柱・梁《はり》・桁《けた》・棟木《むなぎ》の基本構造に加えて、大斗《だいと》・肘木《ひじき》・巻斗《まきと》などから成る軒先の組み物が導入された。それらの建築様式は、初めに寺院建築に導入され、次いで藤原宮（６９４～７１０）の大極殿・大極殿院回廊・朝堂院・大垣などに適用されていった。藤原宮（京）の造営において１５０万枚もの瓦が使

用されたという。それらの瓦を焼成した瓦窯《がよう》としては橿原市日高山瓦窯・御所《ごぜ》市峰寺瓦窯・市尾高台瓦窯・生駒市平群《へぐり》町安養寺瓦窯・大和郡山市西田中瓦窯などが知られている。瓦生産の条件は、原料として洪積層（「大阪層群」と呼ばれている）の海水性粘土、収縮率を小さくし強度を高めるための混和材としての砂、そして燃料の薪が必要であった。焼成は須恵器窯同様の窖窯によって1000℃以上の高温焼成が行われた。それら瓦窯は、日高山瓦窯以外は決して需要地の近くに立地していたわけではなかった。

平城宮（京）が開かれると、宮域の内裏・大極殿・朝堂院・諸官衙のほかに、京域には長屋王邸をはじめとして諸皇子・諸臣の邸、薬師寺・大安寺などの寺院が建設され、瓦の需要も一気に拡大した。平城後期、天平17（746）年以降になると、第2次朝堂院のほかに東大寺の建立も始まり、さらには唐招提寺・西大寺の建立もあり、瓦の需要は飛躍的に増大した。奈良時代を通じて600万枚もの瓦の需要があったという。

平城京の北辺より真直ぐ北に5㎞ほどで木津川河畔にいたるが、その中間には平城京北辺に沿って奈良山丘陵が広がっている。その丘陵は洪積層の粘土層に覆われ、京域を見下ろす南向斜面には常緑樹・広葉樹の樹林が広がり、また川砂も容易に入手できた。よって平城宮（京）の建設が本格化するに伴って多くの瓦窯が開かれた。

西方より順に、中山瓦窯・乾谷瓦窯・押熊瓦窯・山陵瓦窯・音如《おんじょ》ヶ谷《がだに》瓦窯・歌姫西瓦窯・

歌姫瓦窯・瀬後谷瓦窯・鹿背山《かせやま》瓦窯・五領池東瓦窯・市坂瓦窯・梅谷瓦窯などの瓦窯が知られている。それらの瓦窯は平城宮造宮省の所管造瓦所、造平城京司あるいは造興福寺司などの造寺司の所管で、官衙によって統制されて運営されていたと考えられている。

瓦窯より出土した平瓦丸瓦の遺物と、それらが実際に使用された宮あるいは京域での調査によって発掘された遺物とのマッチング、そしてそれらの主に軒丸瓦・軒平瓦の文様の編年研究が長年行われており、例えば、長屋王邸より出土した軒平瓦「6668A(均整唐草文軒平瓦を示す)が瀬後谷瓦窯(715~745)で焼成されたものであることが判明したり、最も東方に築窯された梅谷瓦窯(708~729)が主に京の東方、東大寺・興福寺に瓦を供給していたことが明らかにされたりしている。

焼成方法も、当初は須恵器窯を援用した、階段状の傾斜した焼成室をもつ窖窯によっていたが、8世紀後半には、焼成室に傾斜を付けず、床面に焔の通り道を確保するための畦《あぜ》を数条設けた有畦式平窯の採用などの改善が見られる(歌姫瓦窯・市坂瓦窯・五領池東瓦窯)。奈良山瓦窯群より瓦の需要地である官衙や寺までの距離は、平城京北辺までが2~4㎞であり、多く見積もっても10㎞を出ることはなさそうである。発掘によって明らかにされた瓦窯群の操業のあり様は、平城宮(京)の建設をいかに効率よく進めていくかという意図があったことが見て取れるように思う。

奈良時代に入って、律令による中央集権体制が整備されると、あらゆる生産物と労働力が都である平城京に集中するようになる。その兆しは既に藤原京の時代にも見られたものであったが、平城開都に伴って財貨と人の動きは飛躍的に大きくなったと考えられる。そのことは長屋王邸をはじめとして発掘された木簡（殊に荷札木簡）の、その質と量を明らかにした研究に顕れているであろう。思うに、平城京遷都の動機は様々に語られてはいるが、一つの要因として「より平坦で広いところ、そして物流に有利な場所」を求めた、直截に表現するならば、「淀川～木津川～泉津～奈良坂越え」の最も利便性の高い輸送ルートの利用を念頭に置いてなされたのではなかろうか。そして奈良山瓦窯群における瓦の焼成も平城京遷都の重要なファクターであったと考えたい。

律令制の経済構造　造籍と班田収授

大化の改新の詔は「昔在《むかし》の天皇等の立てたまへる子代《このしろ》の民・処処《ところどころ》の屯倉《みやけ》及び別《こと》には臣《おみ》・連《むらじ》・伴造《とものみやつこ》・国造《くにのみやつこ》・村首《むらのおびと》の所有《たもて》る部曲《かき》の民、処処の田荘《たどころ》を罷《や》めよ。仍《よ》りて食封《へひと》を大夫《まえつきみ》より以上《かみつかた》に賜ひ降《くだ》りて布帛《きぬ》を以て官人《つかさ》・百姓《おほみたから》に賜ふ」とある。これはかつて天皇が立てた皇子（皇女）のために囲い込んだ土地や民あるいは天皇直属の屯倉と呼ばれた生産・収奪拠点、あるいは処々に盤踞していた豪族らが土地と生産手段と民とを我が物として囲っていたものを停止して、天皇一人の王権のもとに一元化する。大夫以上の既得権の部分である収入は食封として、あるいは官僚や百姓には布帛を以て支給する、というもので改新の第一歩であった。

続いて、租庸調の税の根幹を規定する。田租は30歩×12歩＝1段、10段＝1町、町別22束を取る。調布として絹《かとり》（＝固織）田の4町ごとに4丈を以て1匹《むら》とする、絁《ふとぎぬ》は2町ごとに2丈を以て1匹《むら》とする（いずれも幅は2尺半）。官馬として細馬《よきうま》であれば２００戸ごとに1匹を中等の馬であれば１００戸ごとに1匹を差し出せ。仕丁《つかえのよぼろ》として50戸（里）に一人を京師《みやこ》に差し出せ。上京に際しての糧食はその50戸で負担せよ。田租は国衙の倉に納入せよ。その他の庸調は都に運べ。その際の運脚は成人男子を指名して使え。大雑把に捉えて以上のようになる。試算によれば田租は収穫のおよそ3％ほどで僅かであったがそれとは別に出挙《すいこ》による利稲（春に種籾を貸付け秋に利息稲を付けて返済させた。公《く》出挙と私出挙があった。公出挙でさえも利息は高く上限50％とされた）があった。出挙は養老令（天平宝字元年〈７５７〉）によって制度化されほぼ強制的に貸し付けられそれが税収の大部分を占めた。

驚くべきは、庸調の官物を都に運ぶのに、車や船に拠る運送を行わず自分たちの里の負担で荷って運べとしていることである(海上・湖上を搬漕すれば荷が水を被り品質を損なう危険性が大であり因ってそれを禁じた)。この運脚の制は京を中心にして半径１５０㎞ほどの範囲すなわち畿内とその外側の美濃・尾張・三河・播磨・但馬辺りまでを想定していたとしか考えられず、既に王権の支配域がより伸張していた7世紀後半のこの時期であれば、運送に係る経費を百姓自身の負担とすることは何らかの技術革新がない限り早晩破綻するに違いなかった。

律令制にあっては戸籍・計帳(各戸別の租庸調額を明らかにする)と田図・田籍によって「誰がどの地番の田を耕すか」を明らかにして税収を確保することを基本としていた。塩・海産物や鉱物資源といった特産物については調物として田租に代えていた。

班田収授は六年一班と規定されその都度戸籍の修正・計帳と田図・田籍の作成が求められ、その事務処理は膨大なものとなりより大きな官僚機構を必要とした。実際には庚寅年籍(６９０)以降大掛かりな造籍が行われた形跡がない(例外的に阿波・周防・讃岐など国別に戸籍が造られた様子を窺い知ることができる)。班田の実施も徐々に弛緩し延喜2年(９０２)を最後に行われることはなかった。

移動しながら糧を得、富を蓄える種類の業(猟師・遊行の芸能者・交易業者等)は王権によって捕捉されることはなかった(彼らは浮浪者として捕らえられ戸籍に付けられた)。運輸や海上交通の業がそれ自体付加価値を生む生業《なりわい》として認識されるのはずっと後世（平安・鎌倉）のことであった。

封戸の制にも問題があった。封戸とは対象者（封主）に土地と戸数と期限（対象が人の場合は封主の死亡を以て解除された）を指定して、租の半分と庸調の全部を封主の許に納入する制度で、該当地の国司が徴収納付の責を負った。封戸には位封（五位以上の官人に位に応じて支給）・職封（大納言以上の官職に応じて支給）・院宮封（中宮・上皇・東宮などに支給）・寺封（期限を切って特定の寺院に支給）・功封（五位以上の功績の有った者に支給）などがあった。

封戸の制は特定の土地を特定の人に結び付けるが故に律令制の例外規定であり律令成立以前の有力氏族・皇族・あるいは彼らを後楯とする寺院への妥協の産物であった。

天武5年（676）4月条において「諸王《おおきみたち》・諸臣《おみたち》の給われる封戸《へひと》の税《おおちから》は以西《にしのかた》の国を除《や》めて替えて以東《ひがしのかた》の国に給え」と勅したのは、封主が封地の民を隷属民（部曲《かき》）として支配するようになることを嫌い土地を変えたものと解されている。

後に天平15年（743）5月に墾田永年私財法が発布され自ら開墾した土地を私有することが許されるようになったが、詔はそれに続いて親王の一品と一位の者には五百町、二品と二位には四百町、三品・四品と三位には三百町、以下初位庶民に至るまでは十町……と土地の上限を規定した。この詔によって貴族や大寺院（大仏建立の事業の只中に在った東大寺には五千町歩が寄進されていた）をはじめとして庶民に至るまで伝手《つて》を頼って自分が開墾するつもりの土地を当該国司に申告し、土地の囲い込みに走った。確かに墾田永年私財法に拠った新規の墾田も輸租地（租庸調を課税する）であり、これによって税収は増大すると目論まれたが、土地について国家による所有の枠組みが外されたことが大問題であった。そしてこれを契機に律令制は崩れ、荘園制が進展していくことになった。後に荘園領主は所有する土地の四囲に杭を打って限り、何かと難癖をつけ国司による官物徴収に抵抗していくことになる。

民の租税負担が過重になるに従い封戸として給わった土地からの収入は途絶えがちになり、遂には封主が国司を排して直接封を徴収する動きもみられるようになる（封戸の荘園化の始まり）。特定の権力者に特定の土地を配する封戸の制は、律令制を崩壊に導く大きな要因であった

貨幣

天武持統朝の飛鳥池工房からは制作途上の富本銭が見つかっており、天武12年（683）4月条の「今より以後銅銭を使え」とする詔があったことと合わせて、物と物の交換の仲

立ちに貨幣を使うことが試みられたようであるが、実際にはかなり限定的であったとみられている。実際に流通に供された貨幣は和銅元年（708）に発行された「和同開珎」を待たねばならなかった。それでもその流通は都（平城京）と畿内の狭い範囲であった。

後に「和同開珎」は「大仏造顕」の費用の捻出に使用され、平城京官衙に働く官僚（下級の写経生に至るまで）の賃金として支払われた。彼らは銭を使う都市生活者であったが果たしてどの範囲まで銭が流通したものか、流通量を増やせばあっという間にインフレが進行しただろうと推測する。

では何が物の流通の仲立ちをしたかといえば、鍬のU字形刃先（鉄）や絁《あしぎぬ》・絹《かとり》（＝固織）・綿（絹の真綿）などの調庸物であった。それらは規格が統一されており、経年劣化が少なく、携帯できる、といった貨幣の要件を備えたものであった。

天武9年（680）10月条「京内の諸寺の貧しい僧尼及び百姓に絁四匹《むら》を恤《めぐ》み与えた」、あるいは持統8年（694）12月条「藤原宮に遷《うつ》り居《おわ》します。親王より以下郡司らに至るまで絁・綿・布を賜う」とあるように、功績のあった者への賜い物、困窮者への賑恤《しんじゅつ》の品として絁・絹・綿・鍬などの品が与えられたのはその貨幣としての機能に拠ったものであった。

農業生産の拡大

1967年（報告）秋山日出雄氏の航空写真の解析によって古市大溝《おおみぞ》が発見された。南河内大和川の支流石川より取水し東除川《ひがしよけ》を通り平野川に排水する全長10㎞に及ぶ幅9m深さ4mもの巨大な灌漑水路である。この古市大溝は河内国古市・志紀・渋川の3郡（現在の大阪市・八尾市・藤井寺市・羽曳野市）にまたがる洪積層の丘陵地帯を貫流し、それらの河岸段丘・台地・開析谷・扇状地を灌漑し耕地に変えた。この7世紀初頭に造られたと考えられる大溝の構築には、複雑な地形を熟知し高低差を考慮しながら膨大な労働力を組織し進んだ木工具を投入し掘削せねばならず、高度な技術と共に背後に国家（天皇王権）の強い権力の介在が見て取れる。この大溝周辺の洪積丘陵地域には丹比《たじひ》大溝（7世紀半ば…松原市教育委員会資料）や河合遺跡大溝遺構（7世紀後半…大阪府教育委員会資料）も見られ、さらには灌漑用のダム式ため池「狭山池」（7世紀初頭…東樋に使用されていた木材の年輪年代測定に拠る）も程近くにあり、同じく丘陵地の灌漑に利用された。河川より高い地形のため、大半が未墾地として放置されていた南河内の広大な洪積丘陵が、7世紀に王権の主導する統一的なプランに基づいて開発されたに相違ないとされている。

京都桂川の渡月橋の上流に目を転ずると今でも葛野大堰《かどのおおい》を眼にすることができる。5世紀前半にこの葛野地方に根拠を持っていた秦氏が先進の技術を駆使してこの葛野大堰（原型）を構築したとされている。堰の構築にはまず強固な杭を川底に打ち込み、杭の間に横木を渡し、その裏側（下流側）に石を込めて補強する。堰き止めた水を灌漑用水に導水し、さらに細かく各田地に配水する。桂川は度々洪水を引き起こす暴れ川として知られ、もちろん用水路は放水路として洪水回避の役割をも果たした。これによって桂川右岸の丘陵地は耕地に変えられ穀倉地帯となった。

後には先に述べたように天平15年（743）の墾田永年私財法によって有力貴族層や寺院が競って占地に走り、その後暫くは以上に述べた開発手法による墾田開発が進められている。福井県の九頭竜川流域足羽川の灌漑用水を利用した通守荘《ちもりそう》（開田図＝計画書に用水の計画がある）他桑原庄・溝江庄などの東大寺領荘園がその格好な例である。

以上のように産出高として比較することは困難ながらも、7世紀初頭以降それまでの洪水被害の多い沖積平野の水田のみに頼る水田耕作より洪積平野・丘陵を耕地化した農業生産に変わったことは大いに農業生産の増大と安定化をもたらしたと考えられる。

古代の人口について鎌田元一氏の推計がある。

『延喜式』（927年撰上）の法定課徴モデルによれば、1戸は正丁（21～60歳男子）4人、次丁（61歳以上男子）、中男（17～20歳男子）及び女子・奴婢より構成されていた。1郷（里に同じ）50戸として正丁のみを捉えて200人の人口数を得る。細かな推計の手法を省略するが、これに次丁と中男及び幼児と女性の人口を加えて郷当たり1052人（良民のみ）と推計している。『和名類聚抄』（938年）によれば4041郷があったことが知られるので、これを乗じて425万1132人が得られる。これに奴婢の賤民人口と平城京居住人口とを加えて8世紀前半（725年）の人口をおよそ450万人であったと推計している。

他にも例えば全国の出挙稲数4385万4600束に基づく推計などいくつかあるが、最大で580万人と推計している（8世紀末）。

平城京の人口については岸俊男氏の7万4000人とする推計がある。大仏造顕事業の只中にあってはそれのみでさらに万余の動員があったであろう。

藤原京の人口は、両者の京域はほぼ拮抗するけれども、官衙組織の成熟や寺院の密度を考えても相当に少なかっただろう。仮に5万人の居住人口を想定しても、彼らは消費生活者であり、米その他の消費量は相当なものであったであろう。

藤原京は物資の輸送に水運を利用することをあまり望めなかった。紀ノ川～吉野川を遡上するにしても五條市辺りの陸路も長く無理があっただろう。大和川を利用するにしても

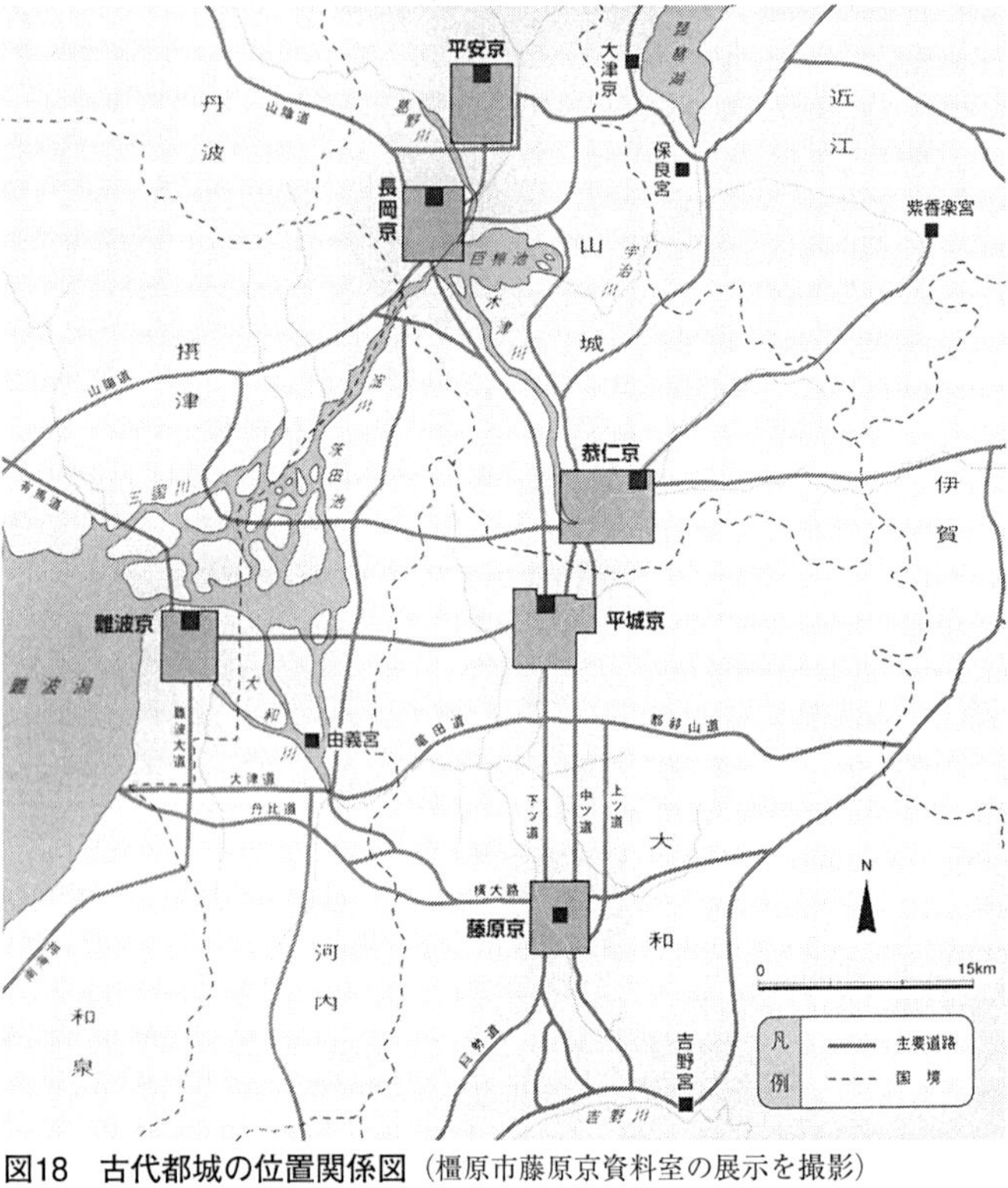

図18　古代都城の位置関係図（橿原市藤原京資料室の展示を撮影）

生駒山地の南を越え来るには無理があった。

　藤原京より平城京への遷都の理由は唐の都長安に倣う（羅城北辺に宮城をもつ）とか種々あったであろうが、先に述べた通り、水運の利用による物流の確保も大きなものであったと考える。

第九章

飛鳥浄御原宮より藤原京へ

天武天皇は、壬申の乱ののち、天武元年（672）9月12日に嶋宮に入り、3日後に嶋宮より岡本宮（舒明・皇極・斉明・天智天皇の宮が同一場所にあった）に移られた。さらに続きの条文に「宮室《おほみや》を岡本の南に営《つく》る。その冬に遷《うつ》りて居《おは》します。是を飛鳥浄御原宮と謂ふ」とある。

この飛鳥宮の地は、図19の通り、奈良盆地の南辺に位置し、南に向かうほど険しくなる。その宮周辺を飛鳥川が南南東より北北西に流れ下っている。

この飛鳥宮（岡本宮）の東南隅に柱列で囲った大きな区画（東南郭）が、そしてその中心に柱間桁行九間×梁行五間（東西29・2m×南北15・3m）の破格の規模の建物が見つかっている。この区画は、建物南側の庭が狭く南に門を開かず、西に向かって門を開く。内郭（元々の宮の区画）の南側に広場（朝廷）が開けるが、南西辺を飛鳥川が限っている。「東南郭」の南側には空閑地はほぼないので、西に門を開く以外になかったと考えられる。この建物は後の「朝堂」もしくは「大極殿」と考えられている。

さらに2010年の調査によれば、内郭北外側に東西十一間×南北五間（約35m×15m）の大型建物（平城宮の「内裏正殿」にあたるか）も検出されている。内郭北西苑池から飛鳥寺にかけての地域は、出土した木簡から「膳職《かしわで》」「造酒司《みきのつかさ》」といった内廷的な官司があったと推測されている。さらに出土木簡の示すところによれば、飛鳥寺より北、石神遺跡にか

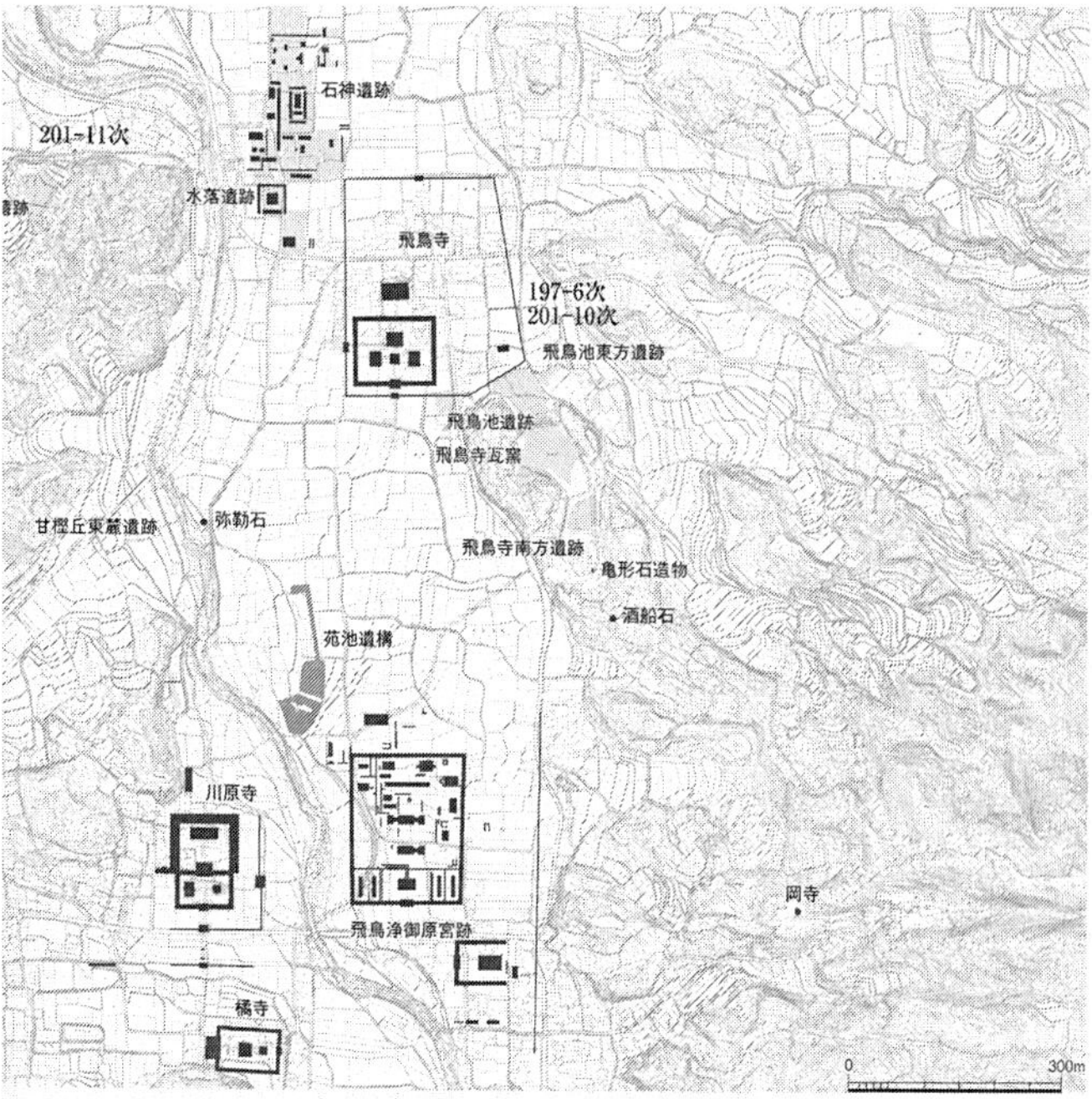

図19　飛鳥地域発掘調査位置図（一部）1:10000
『奈良文化財研究所紀要2020』P.109より転載

けての地には行政に関わる官衙群が天武朝に成立していたとみられている。

このように、この時代の飛鳥宮は、かつての岡本宮（舒明天皇）・板蓋宮（皇極天皇）・後岡本宮（斉明・天智）の内郭の範囲を大きく越えて広がっていたと考えられている。

「是を飛鳥浄御原宮と謂ふ」と書紀は記すが、それは14年後の686年7月に、天武天皇の病気平癒を祈って元号を朱鳥《あかみとり》元年に改めると同時に、宮号を飛鳥浄御原宮と定めたからであって、天武天皇は、それまでは適地を求めて新宮を造ろうとしていたが故に宮号を定めていなかった。

天武5年（676）「是年、新城《にいき》に都つくらむとす。限りの内の田園は公私を問はず皆耕さずして悉くに荒れぬ、然れども遂に都つくらず」とある。さらに6年後、

天武11年（682）3月朔日条「小紫三野王及び宮内官大夫等に銘じて新城に遣して其の地形を見せしむ、よりて都をつくらむとす、己酉《つちのとりのひ》（16日）に新城に幸《いでま》す」

天武13年（684）2月28日条、「広瀬王、大伴連安麻呂及び判官録事陰陽師工匠等を畿内に遣して都つくるべき地《ところ》を視《み》占しめたまふ」

同年3月9日条「天皇京師《みやこ》に巡行《あり》きたまひて宮室之地《みやどころ》を定めたまふ」とあり、これが藤原京であった。「新城《にいき》」が初めから藤原京のことを指すものかどうか不明であったが、近年の藤原京の発掘調査で、宮域施設の造営に先立って設定された682年段階の「先行条坊」とさらに古い676年段階の「先々行条坊」が見つかっており、6年間の中断があるものの、初めから藤原京の造営を彼の地に定めていたと考えられる。

新京は、天武天皇の御代には遂に完成に至らなかったが、選定より10年後の持統8年（694）に完成している。

持統4年（690）10月29日条「高市皇子藤原の宮地《みやどころ》を観《みそなは》す公卿百寮従《おほみとも》なり」

図20　藤原京のジオラマ（橿原市藤原京資料室の展示を撮影）

同年12月19日条「天皇藤原に幸《みゆき》して宮地《みやどころ》を観《みそなは》す」

持統6年（692）5月23日条「難波王等を遣《つかは》して藤原の宮地《みやどころ》を鎮め祭らしむ」

同月26日条「幣《みてぐら》を四所の伊勢・大倭《やまと》・住吉・紀伊の大神に奉らしむ。告《まう》すに新宮のことを以てす」

持統8年（694）正月21日「藤原宮に幸《いでま》す」

同年12月6日「藤原宮に遷《うつ》り居《おは》します」

藤原京はそれまでの宮とは異なり、唐の都を写し方格に地割りをした。東西南北を十条十坊に区画（東西5・2㎞南北5・3㎞）し中心に方1㎞の藤原宮があった。694年12月より710（和銅3）年までの16年間都として機能した。奈良盆地を縦断する下ツ道・中ツ道はそれぞれ、藤原京の北辺、西四坊大路・東四坊大路より発するが、下ツ道をそのまま真直ぐ北に辿ると平城京の中心朱雀大路に達する。その平城京は東西4・3km南北4・8km、さらに左京(東)の外側に東西1・6km南北2・1kmの外京があり、ほぼ拮抗した広さを有した。平城宮(内裏朝堂院)が京域の北辺に置かれていたところが藤原宮とやや異なる。

下ツ道・中ツ道・上ツ道の幹線道路が都より発する、すなわち交通の要衝・結節点に都を造ろうとする意図を、天武天皇は既に意識していた(182ページ図18)と思われるが、都の西南を流れる飛鳥川は、河内平野に至る水上交通に利用するには、流れは細流に過ぎる。藤原京の時代は、尚、人の流れ・物流共に大きな流れになるに至っていなかった。

唐の長安城を模した宮城の造営は、唐と対等の国家形成を目指した天武天皇の意図に拠ったに相違ないが、唐の都長安の素晴らしさを伝えたのは、608年に隋に渡り30年を経て640年に帰朝した高向玄理・南渕請安あるいは僧旻《みん》であったであろう。それぞれ大化の改新の新政府に影響を与え、玄理・旻は国博士に任じられている。

藤原宮大極殿跡に立つと、すぐ北に耳成山の円錐がよく見える。宮は耳成山・畝傍山・香具山の三角形にちょうどすっぽり入っている。唐では仏教が奨励され、長安の都には、大雁塔のある慈恩寺や大興善寺をはじめとしていくつかの寺院があったように、藤原京にもたくさんの寺院があった。蘇我馬子がその建立に力を注いだ法興寺（飛鳥寺）、蘇我倉山田石川麻呂の氏寺山田寺、大官大寺（舒明天皇発願の百済大寺、平城京に移されてのち大安寺）、天武天皇が皇后のために発願した薬師寺、豊浦寺、川原寺などの寺々がそれらであった。藤原宮を構成する建物とこれらの寺々の屋根は皆瓦で葺かれていた。日高山瓦窯跡をはじめとして、各所に瓦窯跡が見つかっている。

第十章

仏教の興隆　古代の宗教的構造

薬師寺

天武9年（681）11月12日条に「皇后（菟野讚良皇女）体不予《みやまい》したまふ、即ち皇后の為に誓《ちか》願ひて初めて薬師寺を興《た》つ」とあり、天武天皇の発願によって薬師寺建立が令せられた。

持統2年（688）正月条「薬師寺で無遮大会《かぎりなきおがみ》を開く」とある。無遮大会とは朱鳥元年（686）9月に亡くなった天武天皇の一周忌として、僧俗貴賤の区別なく供養布施をする法要を行ったことをいう。この頃に何らかの堂宇が出来上がっていたものだろう。

持統11年（697）7月条「公卿百寮　仏の眼開《みめあらわ》しまつる会《おがみ》を薬師寺に設《もう》く」とあり、金堂と本尊薬師如来日光・月光《がっこう》両菩薩の薬師三尊像が完成し開眼法要が行われたことを知る。

文武2年（698）10月条には、薬師寺の構作がほぼ終わって衆僧を寺に住せしめたとある。

大宝元年（701）に造薬師寺司の任命があり　尚造営が引き継がれていた。

薬師寺は藤原宮の南西、藤原京域内の右京八条三坊にあった（岸俊男氏）。710年に平城京が開かれたのち、養老2年（718）に新京の右京六条二坊に薬師寺建立が定められた。養老3年に造薬師寺司が任命され造寺を開始、天平2年（730）には東塔が竣工している。

我々が薬師寺を始めとするこの時代の諸寺のことを知りうる資料としては、書紀とそれを引き継ぐ国史『続日本紀』（続紀）以外には、『伽藍縁起《がらんえんぎ》并《ならびに》流記資材帳《るきしざいちょう》』（以下『資材帳』）が大きな役割を果たしているだろう。『資材帳』は聖武天皇の御代天平18年（746）に、国家の管理する寺院を対象に牒《ちょう》（通達）を発して、それぞれの寺院の縁起と所有する資産を毎年報告させたものである。現在知られる『資材帳』の最も古いものは、翌747年に報告された元興寺・法隆寺・大安寺のそれである。薬師寺から僧綱所に提出された『資材帳』は現存しないが、平安中期（1015）に成立した『薬師寺縁起』は記述の多くについて『資材帳』を引用している。それによって天平2年の東塔の竣工も知ることができるのである。そのほかに『諸寺縁起集』（護国寺本・醍醐寺本）の資料もあり、それに見られる薬師寺の記述も『資材帳』を引いているとされる。

藤原京の本《もと》薬師寺と平城京の新しい薬師寺とこの二つが、この時期並立していたことになるが、両寺は共に、金堂と東西両塔を回廊が取り囲む様式で、両者の建物相互の間隔をはじめとして平面構成はよく一致している。本薬師寺東塔跡にも柱の位置に対応する礎石が遺されているが、細かな点を取り上げれば裳階の部分の柱礎石が検出されていないという。

『資材帳』は新旧両寺にそれぞれ東西2塔があったことを伝えているので、それによれば平城薬師寺の現在見る国宝東塔は天平の新たな造作と考えられる。ところが平城薬師寺境内から本薬師寺と同じ白鳳時代の瓦が大量に出土しており、建物の一部は移されたと考える方がより自然だとも考えられる。さらに東塔の建築様式が唐招提寺講堂を始めとする和銅・天平（8世紀前半）の様式より古様を示すことも移設を示唆している。

金堂の国宝薬師三尊像は、「薬師寺縁起」によれば本寺より引き移したことが明らかであり（異説あり）、本尊と共に金堂・塔の資材を移設したとしても十分考えられるところであろう（薬師三尊像について移転、天平新鋳の両説があり決着を見ていない）。

本薬師寺は平安中期10世紀頃まで存続していたという。国家の庇護を外された寺が、それでも細々と存続したのであろうか。考古学的知見によれば、平城京移転ののちの藤原宮の故地は建物も礎石や掘立柱痕も丁寧に取り払われ封土に覆われているという。その作業は徐々に行われたものであろうが、故京に残された本薬師寺も金堂本尊が移されると同時に主だった建物も移されたと考える方がより自然であるように考える。

本薬師寺講堂には、高3丈、広2丈1尺8寸（１０・８ｍ×７・７４ｍ）の巨大な繍仏《しゅうぶつ》（錦の綴織《つづれおり》か）が本尊として収められていた。これは持統6年（６９２）、持統天皇が天武天皇の冥福を祈って造られ安置されたもので、「阿弥陀仏幷脇士幷天人等惣じて百余体、之を繍《ぬ》い奉る」と『資材帳』に表現されている。文武2年（６９８）に繍仏開眼の法会が営まれている。道昭はこのとき開眼の講師を務めたことを賞されて同年11月大僧都《だいそうず》に任じられている。

平城京遷都ののちこの繍仏は平城薬師寺に移されたという。もしこれが現世に伝来していたとすれば、それは比べるものもない至宝であったであろう。また唯一比肩するものがあるとすれば、それは当麻寺《たいまでら》の所蔵する国宝「綴織当麻曼荼羅《まんだら》図」（約4m×4m）（オリジナルのものに天平宝字7年〈763〉の記年があったという）であろうが、途方もない規模のものである。図案のテーマは当麻曼荼羅と同じく「観無量寿経」の内容に基づいた「阿弥陀浄土変相図」というべきものであったと考えられる。

7世紀後半、天武・持統天皇の白鳳時代は、法隆寺献納宝物（東京国立博物館蔵）のいわゆる四十八体仏・野中寺弥勒菩薩半跏像や旧山田寺仏頭に見られるような金銅仏、あるいは法隆寺九面観音像（7世紀後半盛唐期の招来仏か）・中宮寺弥勒菩薩半跏像に見るように、それまでの朝鮮半島渡来人のもたらした芸術文化の影響を色濃く残しながらも日本独自の美的センスを主張した仏教美術の開花した時期でもあった。壬申の乱以降の天武・持統天皇の自信にあふれた確乎とした政権運営が、このような芸術文化の開花に繋がっていったものと解されるのである。

山田寺

大田皇女菟野讃良皇女（持統）の姉妹は、天智天皇を父に、蘇我倉山田石川麻呂の娘遠智娘《おちのいらつめ》を母に誕生した。大化5年（649）3月その母の父右大臣蘇我石川麻呂は、異母弟の日向《ひむか》によって「中大兄皇太子の殺害を企てている」と讒言された。時は孝徳天皇の治世、宮は難波長柄豊碕《なにわのながらのとよさき》にあった。報告を受けたのは中大兄皇子であったが、石川麻呂は「直接孝徳天皇の前で真実について申し開きをしたい」と伝えたが、入れられなかった。軍兵を差し向けられた石川麻呂は、難波を遁れ、飛鳥の造営中の氏寺山田寺（図21）に入って、自身の潔白を述べたのち、造営の成った金堂の前、礼拝石に跪《ひざまず》き首を括って亡くなった。それでも尚許されず、日向は物部塩《しお》に命じてその遺骸の首を刎ねている。時にこの祖父の死は菟野讃良媛皇女5歳のことであった。

事件はさらに尾を引く。母遠智娘はその死を悲しみ2年後の白雉2年（651）建皇子《たくる》を出生したのち亡くなっている。

稀有なことではあるが、この山田寺については『上宮聖徳法王帝説《じょうぐうしょうとくほうおうていせつ》』（厩戸皇子の伝記、旧法隆寺蔵現在知恩院蔵）裏書によって、その創建以来の由来を知ることができる。その記

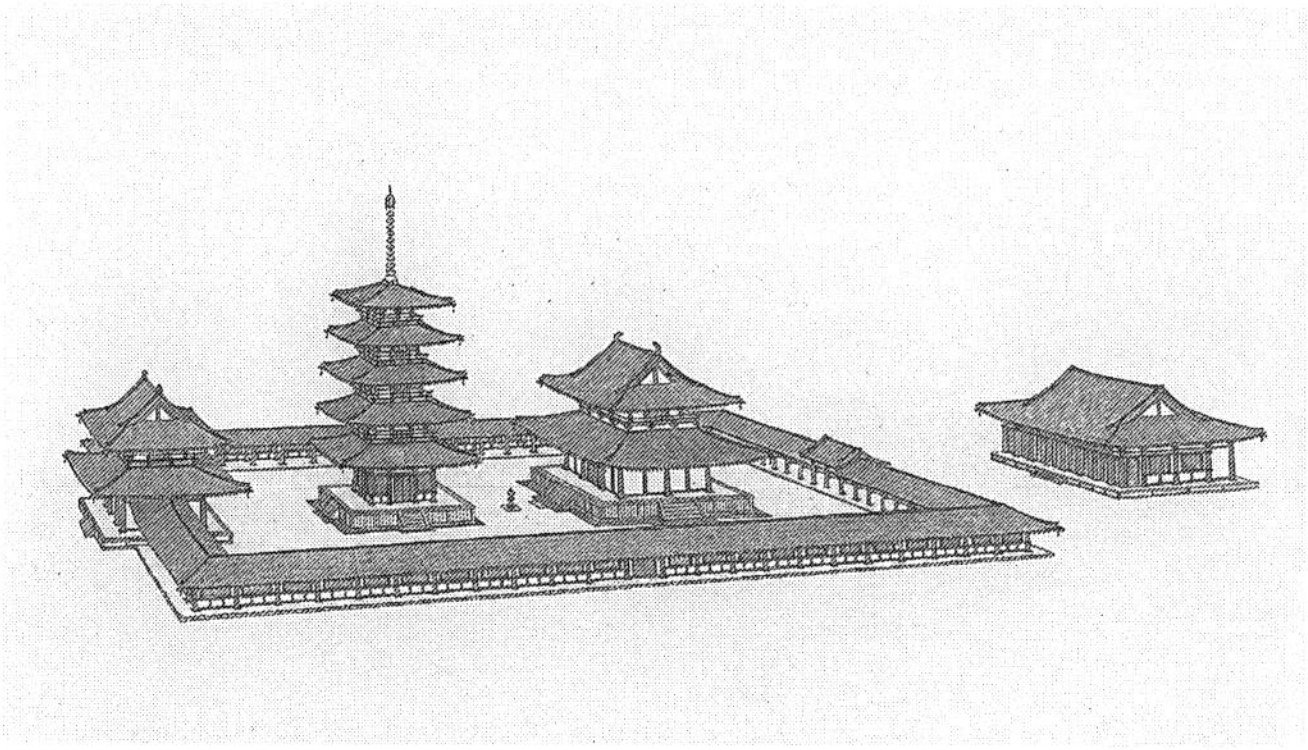

図21　山田寺伽藍復元図（写真提供：奈良文化財研究所）

事によれば、山田寺造営は、庇護者蘇我石川麻呂を、彼の子息を含めて失ったことにより、それで断絶破棄されたわけではなかった。天智2年（663）造塔に着手、天武2年（673）塔の心柱を立てたとその裏書より知ることができる。壬申の乱の動乱を挟み遅々とした歩みながらも造営は続けられている。造営の施主すなわち推進者は当然ながら天武・持統両天皇であった。動乱についての様々な悔恨の情を超えて祖父の意思を全うしようとする思いであったであろう。

天武5年（676）五重塔完成、天武7年（678）丈六仏を鋳造、天武14年（685）3月25日丈六仏開眼。書紀は同年8月12日条天皇が浄土寺（山田寺）に御幸した記事を載せる。

これによって中門より発する回廊が塔金堂を囲み、南より南門・中門・塔・金堂・講堂が南北軸の直線上に並ぶ伽藍が完成したとみられる。

『護国寺本諸寺縁起集』には、講堂に丈六の十一面観音と薬師三尊像が記載されており、この薬師三尊像が685年に開眼した丈六仏であった。

この山田寺講堂薬師如来にはなお数奇な運命が待ち受けていた。治承4年（1180）、平重衡《しげひら》による南都焼き討ちにより、東大寺・興福寺の大多数の堂宇が焼亡したことはよく知られている悲劇であった。復興はすぐに始められ元暦2年（1185）には興福寺東金堂が再建された。が、そこに安置すべき本尊を容易に造立することを得ず、遂には文治3年（1187）あろうことか東金堂衆は山田寺に押し入り焼き討ちし、講堂丈六薬師三尊像を強奪し、車に乗せガラガラ引き上げ、東金堂の本尊に据えたという。

その後、興福寺東金堂は文和5年（1356）、応永18年（1411）に火災に見舞われ、応永の火災では本尊も焼け落ちるに至った。火災ののち灰燼の中より御首のみ取り出したという。その後、御首の在り処は杳として知られることはなかった。

しかる後、1937（昭和12）年東金堂の解体修理の際に、須弥壇の下よりそれは発見されたのである。この御首こそが国宝旧山田寺仏頭（在興福寺国宝館）であり、山田寺に係る唯一の遺仏となっている。

山田寺についての数奇な運命はなお続く。山田寺の遺構は1952年に国特別史跡に指

図22　山田寺仏頭レプリカ
（写真提供：奈良文化財研究所）

定され、1976年より発掘調査が始められた。1982年からのその第4・5・6次調査によって、東面回廊が西側にばったりと倒れそのまま埋まっていた遺構が発掘された。部材はよく保存されており、屋根に瓦の葺かれた状態のまま瞬時に倒壊した姿の夥しい瓦も見つかっている。これらの建築部材・瓦・土器・金属器などの出土遺物1133点は、2007年一括して重要文化財指定されている。現在、奈良文化財研究所飛鳥資料館において連子子《れんじこ》頭抜《かしらぬき》など展示に耐える部材を使って回廊の復元展示が行われている。7世紀後半の創建当時の在りし日の姿を垣間見ることができることも稀有なこととしなければならない。

菟野讃良皇女の姉大田皇女は、彼女と同じく天武天皇の后となっているが、661年に大伯皇女を、663年に大津皇子をもうけたのち、天智6年（667）2月に薨去している。大津5歳の時のことである。その大津皇子は、朱鳥元年（686）10月皇太子草壁皇子に対する謀反が発覚したとして死を賜ったことは第四章に述べたとおりである。

図23　再現された山田寺東回廊
（写真提供：奈良文化財研究所）

天武天皇亡きあとのこの事件で、大津皇子に賜死を断じたのは菟野讃良皇后であった。我が子草壁皇太子を帝位に就けるには、非凡卓越の才を持つ大津を、帝位継承の順では同等の大津を、どうしても粛清しなければならなかった。菟野讃良皇后は称制のまま草壁の日嗣の機会を待ったが、天武天皇の喪が明け大内山陵に葬って間もない、持統3年（689）4月、草壁皇太子は亡くなってしまった。皇后の悲嘆はいかばかりであったか、よく平静を保ちえたものと驚嘆するばかりであるが、史料は何も伝えるところがない。

持統4年（690）正月皇后は悲しみを断ち切り敢然として帝位を嗣いだ。草壁の遺児軽皇子の健やかな成育を胸中に期し、その後の政治は公明で慈悲深いものであったように思われる。文武天皇3年（699）6月条山田寺に30年を限り封三百戸を施入しているが、これも持統皇太后の意図するところであったであろう。

このように薬師寺山田寺は天武持統天皇に縁の深い御寺ではあった。


仏教は6世紀半ばに倭国にもたらされたが、その当時の仏の教えすなわち経典はどのようなものであったか？

鳩摩羅什《クマラジーヴァ》（344〜413）は亀茲《きじ》国（新疆ウイグル自治区）に生まれた訳経僧として高名である。およそ300巻もの仏典を漢訳し、「仏説阿弥陀経」「魔訶般若波羅蜜経」「妙法蓮華経」8巻「維摩《ゆいま》経」「大智度論」などが含まれる。

唯識学を確立した世親《せしん》（＝ヴァスバンドゥ）もほぼ同時期（300〜400年頃）にインドにあり、『唯識三十頌《じゅ》』『浄土論』などを著したが、それらの漢訳は玄奘三蔵の経典657部を携えた唐への帰還、その後の訳経を待たねばならなかった。玄奘は『西遊記』で知られる西域経由の苦難の旅を経て「乙巳の変」の年すなわち645年に唐長安に戻り、直ちに弘福寺に拠り、後には大慈恩寺大雁塔に籠り、訳経に専念したと伝えられている（「大般若経」600巻を訳出）。玄奘の旅の目的は唯識学を極めることにあったが、その法脈は弟子の慈恩大師基《き》に引き継がれることになった。

道昭

ちょうどその頃、倭国に道昭《どうしょう》（629～700）があった。道昭は河内国丹比《たじひ》の船史《ふねのふびと》の出身で653年の第2次遣唐使に留学僧として唐に渡り、玄奘三蔵と出会った。二人の過ごして来たそれまでの道程を思えばその邂逅は奇跡のようにも見える。

玄奘は殊に道昭をかわいがり、同じ部屋に起居を共にして業を授けた。「私が昔西域に旅した時、道中飢えに苦しんだが、食を乞うところもなかった。突然一人の僧が現れ、手に持っていた梨の実を私に与えて食わせてくれた。私はその梨を食べてから、気力が日々健やかになった。今お前こそはあの時、梨を与えてくれた法師と同様である」と言い、さらに道昭に禅定（瑜伽《ゆが》行＝ヨーガ（心の静寂を保ち阿頼耶識《あらやしき》の底に達する行）によって唯識の悟りを得る）を勧めて悟りに導いた。

その後道昭の遣唐使（第4次の帰朝）に従って帰国するとき、玄奘は別れ際に所持する舎利と経論を悉く彼に授けるとともに、一つの鍋を和尚に授けた。「これは私が西域から持ち帰ったものである。物を煎じて病の治療に用いると、いつも霊験があった」と。

玄奘に別れを告げたのち、帰国の一行の船は登州より艫綱《ともづな》を解いて海に乗り出した。穏やかな水面に順風を受けているのに拘らず船は漂い一向に進もうとしない。「何かわけでもあるのか」と占いを立てたところ、「海神竜王が鍋を欲しがっているのだ」と陰陽師は言う。「今鍋を惜しんで与えなかったら、恐らく船は覆《くつがえ》ってしまうだろう」と皆の者は言う。やむなく道昭和尚は確かに霊験を示したその鍋を海中に投じ入れた。すると船は忽ち進み始め一行は無事に帰着することができた、と伝えている（『続日本紀』文武4年〈700〉3月道昭卒伝）。

661年の帰朝のあと飛鳥寺の東南の隅に禅院を立て禅（瑜伽行）を志す者を導く一方、諸国を巡り井戸を掘り渡し場の船を造ったり橋を掛けたり民を扶ける行を行ったという。宇治橋は道昭の創設によるものであった。彼の出自は船史でありさらに遡れば王辰爾に辿り着く渡来系の技術を以て仕える氏族であった。

彼の行った土木などの社会事業はその後に続く行基・良弁《ろうべん》・空海・重源《ちょうげん》・空也《くうや》・一遍・忍性《にんしょう》・叡尊《えいそん》らの確かな系譜として連なっていく。狭山池・昆陽《こや》池・満濃池などの灌漑用の池や用水・溝、数多の橋や寺院、東大寺の創建と再建などが彼らの遺した治績であった。

当時の仏教は、現代の宗教の括りの中に納まっている仏教と余程か異なったものであった。唯識学は現代にも命脈を保つ認識論であり、「菩薩」とは現世における善の宗教的実践を行う者、現世の人々の苦を除く実践の人であった。多くの僧が「吾も菩薩たらむ」として、勉学と実践に勤しんだことは後の歴史の語るところである。であればこそ、天皇王権は出家得度した者の租庸調の官物や課役を免じたのであり、また出家者の人数を限ったのであった。

この7世紀後半までに、「空」思想の中観や唯識、法華経二十八品も入って来ており、観音経も読まれていた。大乗の教えはその土台となるものは既に揃っていた。

美術史における飛鳥より白鳳時代（600〜700年頃）に見る仏像は如来形・菩薩形の区別はあるものの後代の密教のような厳密な儀軌には拠っていない。既述した弥勒菩薩半跏思惟像のほかには、薬師如来・日光・月光菩薩の三尊像、観世音菩薩像、「金光明経」に基づく釈迦如来像・薬師如来像・四天王像などがあった。

天武14年（685）3月条に「諸国家毎《いえごと》に仏舎《ほとけのおおとの》を作り仏像及び経を置いて礼拝供養せよ」と詔があったことを伝え、官吏や国々の大領少領等の有力者層にまで徐々にではあるが仏教の広がりがあったことを窺わせる。

神と仏

古代の日本人は、そこかしこの至る所に神を見て生きていた。神は凄まじい驚異的な自然現象、あるいはいわば「とんがった」山の頂、杉の梢、峨々として聳える磐の先端、あるいは平穏な日々の営みにおける隠された神秘の中にあった。神は名もなくそれぞれ別個にあり、人に規範を押し付けることもなく御心に叶えば恵みを垂れ障れば祟りをなした。それらの神々に名前を与え物語として神話の世界に顕したものが『古事記』であり『日本書紀』であった。様々な現象そのものであった神もやがては擬人化され、それぞれの氏族の祖霊もそこに加えられていく。

神のために恒久の建物として社《やしろ》を建てるようになったのは、8世紀以降のことと考えられている（あるいは持統天皇の御代に伊勢の大神のために社を建てたことを嚆矢《こうし》とするのかもしれない）。それ以前は神の坐《いま》す場所、神聖な場所に注連縄《しめなわ》を張り、神籬《ひもろぎ》（禁足地）として区画していた。

旧暦2月の祈年祭に前年秋の初穂を氏子に班給し、その神威の込められた籾を蒔いて苗を育てその苗を植えることによって秋の豊作を期す、10月の新嘗《にいなめ》祭には神に収穫を供え神と伴に新嘗をいただくことが津々浦々の神社で行われていた。

『延喜式神名帳』(927)に記載された2861社の神社は、祈年祭に神祇官より幣帛を班給する官社としての位置づけであり、各神社の祝部《はふりべ》は祈年祭に際して期日までに官もしくは国衙に幣帛及び初穂を受け取りに赴かねばならなかった。百姓《おほみたから》はその初穂の籾を蒔き稲を育てた。天皇王権が秋の収穫の一部を租として(さらに庸調をも天皇への奉仕として)徴収する拠りどころがこの制度にあった。祭祀の頂点に天皇があり神祇官が太政官に優先して祭祀の有り様を規定する、これが百姓を支配する律令制の根幹であった。

仏教は6世紀半ばに百済よりもたらされた。推古12年(604)聖徳太子によって作られたとされる「十七条の憲法」第二条に、「篤く三宝(仏法僧)を敬え」とあり(『日本書紀』執筆の段階での偽作と考えられているが)、仏教崇拝の姿勢が示されている。天武・持統天皇の7世紀後半にあって、「金光明経」「薬師経」「仁王経」などの経が重視され仏教は鎮護国家のためのものであった。「施政に正法が維持されれば四天王らが国家を守護する」、あるいは「薬師如来が現世を利益《りやく》する」、と信ぜられていた。

しかしながら本来の仏教は個人の魂の救済のためのものであった。釈尊《ゴータマシッダールタ》の悟りがどのようなものであったか? 初期の経典である「阿含《あごん》経典類」はその消息を伝えている。

彼は城の四つの門を出で、人々が苦悩にあえいでいる姿を見た。「生老病死苦ならざるはなく、それらの苦悩は輪廻の中で繰り返されて行く」というのが彼の根本の認識であった。正しい認識を持ち、瞋《しん》（＝怒り・他を排除する）、貪《どん》＝（貪《むさぼ》る）、癡《ち》（＝迷いの闇に住む）を離れ執着を断って生きることのみが苦悩を滅尽する途であると釈尊は教える。

釈尊の死後様々な人の考えがそれに加わっていく。

「唯識」では次のように考えられている。眼《げん》・耳《に》・鼻《び》・舌《ぜつ》・身《しん》・意《い》（六識）の下に、自己愛の因って立つ自我の領域第七識末那識《まなしき》があり、さらにその末那識の自我の殻を割った底に第八識阿頼耶識《あらやしき》がある。その阿頼耶識には個々の自我の枠は既になく、有史以来の全ての苦も楽も愉悦もその行為と記憶は種子《しゅうじ》となって蔵されている。認識される全てのものには実体はなく唯《ただ》識のみがある、という。種子は心の動きによって容易に現象世界に転じ、さらに種子を生む、それが延々と繰り返されるという。「正しい思惟正しい行いが仏性に叶う善の種子を生む」という悟りの中に住することを教えている。仏のために伽藍を建て経を読誦し礼拝供養することは、国家にとっても個人にとっても苦を遁れ利益を生むと、ここまでの理解は天武・持統天皇の時代に既にあった。

仏教の実践は人それぞれの経験値から次第にその利益《りやく》についての信念を生み出していったことは想像に難くない。仏教は個々の人々に仏の心に叶う宗教的実践（戒律の遵守）を求める、というこの点において神道と異なっている。

『日本霊異記』第七縁は次のような話を伝える。

備後国三谷郡(現広島県三次《みよし》市辺り)の大領の祖先は、百済救援の軍役に出征した。「もし無事に帰ることができれば諸々の神祇のために伽藍を造立し仏を礼拝供養しよう」と誓願を起こし、事実災難を遁れ百済の禅師弘済を伴って帰還することができた(この説話のテーマは亀の命を助けた弘済が仏の霊験を受けたことを顕かにすることにあるが、省略する)。仏像に鍍金するために必要な金と丹(硫化水銀=辰砂)とを手に入れ、約束の通り仏のための伽藍を建立したことを伝えている。

この三谷郡大領の建立した三谿《みたに》寺に比定される遺跡が、三次盆地の東端(三次市向江田町)に見つかっている。その寺町廃寺跡(国指定史跡)は白鳳期7世紀後半の寺院跡で南北軸の西に金堂、東に塔、北に講堂を配置し(法起寺式)、講堂の両翼より単廊の回廊が金堂・塔を取り囲み、軸の南には中門があったと推定されている。堂・塔の磚積《せんせき》基壇が発掘され、他に鴟尾《しび》・軒丸瓦・小仏頭などが出土している。

注目すべきは大領が「神祇のために仏の伽藍を建てよう」とその意図を明らかにしていることであり、「神祇のため」とすれば三谷氏の祖霊神を含めて神の為に仏を供養することになり、神仏習合の最も早い段階のものとすることができる(あるいは「仏のため」とすべきところを単に言い間違えたとする指摘もあるようであるが採らない)。寺の遺構の周辺には神社の痕跡は見つかってはいないが、この時代には恒久の社を建てることがむしろ例外であり、注連縄で以て四囲を囲み神籬《ひもろぎ》を示すのみであったであろう。いずれにしても先祖の霊にも仏の法《のり》を聴かせてその霊験を共有しようという意識が根底に働いていたとすれば理解しうるところである。

既に取り上げたところの大神《おおみわ》神社には大御輪《おおみわ》寺という神宮寺があった。神宮寺とは神仏を習合して祀る形態の典型であった。神の身であるが故の憂いや苦しみを除くために、仏前に神を降ろし経を読誦し聴かせる功徳によって、神身を離脱し苦を滅することを意図していた。神の苦悩は神を祀る裔孫である氏子の苦悩そのものであり、氏子が苦悩していると同様に、神も苦しんでいると想像することの産物に違いなかった。

大御輪寺は持統朝に大神(大三輪)高市麻呂がその私邸を改めて大神寺と称し大神神社の神宮寺としたと伝えられている。この大御輪寺の本尊十一面観世音菩薩像(760年頃の作)は天平の創建の頃より永らく伝世してきたが、明治初年の神仏分離令によって寺は廃却せざるを得ず、やむなく本尊は桜井市聖林寺に移されている。天平の類まれな美仏として今に伝えられている。

以上に見るように仏教が伝えられて百有余年のうちに、日本古来の神と仏との心理的な垣根は古代人の意識の内より取り払われているように思われる。がしかし国家存立の根幹は神の祭祀であり、神々は太古の通り至る処にあり、その祭祀の作法にもいささかの変更もなかった。

仏教はこの時代に、「般若波羅蜜経」の説く「空」思想、あるいは唯識についての教義の理解が深まり、やがて次の時代の華厳思想、さらに9世紀には空海・最澄の密教や法華一乗の思想へと深化を遂げていく。この神仏二つながらの思潮は日本人の精神的生活の底において大きな流れとなって流れて行く。その源流がこの天武・持統天皇の時代に、細流が太い流れとなって滔々と流れ始めていることに注目すべきであろう。

第十一章

持統天皇治世の日々、晩年

吉野宮

奈良県吉野町宮滝に縄文時代にまで遡る集落遺跡（宮滝遺跡）があり、発掘の結果、掘立柱の大型建物跡池を中心とした庭園跡が見つかり、これをもって吉野離宮跡と判断された。吉野離宮は随分古くからあったようである。既に応神紀19年10月条に見え、雄略紀2年10月条4年8月条にも行幸のあったことが見える。

斉明天皇は、大型土木工事をいくつも行ったことで民の怨嗟を買ったと書紀に記されているが、斉明2年（656）此歳条に、一連の工事と共に「又吉野宮を作る」とあり、これによって離宮の造営が行われたことを知る。

先に言及した如く、天智天皇10年（671）10月条、天皇の病重く、大海人皇子を枕頭に呼び、位を譲ろうとした時、大海人皇子は日嗣を固辞し「天皇（天智）のために出家し吉野に退去して修行をしたい」と申し出て許しを得た。翌11月のうちに、大海人皇子は后の菟野讃良皇女と若干の舎人らを従えて吉野に入った。翌12月に天智天皇は崩御し、大海人皇子らは吉野離宮にあって、大友皇子を首班とする近江朝廷方の出方を探る不安の日々を送る。二人はこの吉野離宮に自身の皇子草壁は同道していたが、大津も高市も近江方に残して日を過ごしていた。翌天武元年（672）6月大海人皇子は近江方の兵の徴募・監視の強化を察知して、伊勢・美濃に向かうべく吉野を脱した。追っ手を避ける決死の逃避行であった。以降の壬申の乱の推移をいかなる思いで過ごしたか、菟野讃良皇女27歳のことであった。

天武8年（679）5月には第四章で述べたように、天武と皇后は草壁皇子をはじめとして大津・高市・河嶋（天智の皇子）・忍壁・芝基（天智の皇子）の皇子を連れて吉野に赴き、「皇子同士相争うことなく天皇・日嗣の皇子を扶け随うこと」を盟約した。天武天皇の皇子は他に磯城《しき》・舎人・長《おさ》・穂積・弓削・新田部の6人があったが、いずれも年少であったため吉野には同道しなかったと考えられる。また天智の皇子である河嶋・芝基の二人をこの場に連れたのは、二人が天武をして天智—大友からの皇位簒奪者と見ることを戒めるためであったであろう。故に盟《ちかい》ののちに天武は「我が子等《ども》各々違う母より生まれたが今は同じ母から生まれたものの如くに慈《めぐみ》を与えよう」と言って、襟を開いて6人の皇子を抱いたのであった。恐らく吉野におけるこの盟約の場面は持統天皇にとって永遠の瞬間として長く記憶に残ったものであろう。

朱鳥元年（686）9月9日病を得た天武天皇は崩御した。殯宮を南庭に建てた記事に続いて書紀は唐突に大津皇子の謀反の記事を載せる。さらには、持統称制前紀・持統元年

（687）と、天武の養育係を務めた大海宿禰《おおしあまのすくね》鹿蒲《あらかま》をはじめとして様々な人々の誄《しのびごと》が捧げられたこと、多くの人々が殯庭《もがりのみや》に発哭《みねたてまつる》（声を挙げて哀悼の情を顕す）ことなど、亡き天皇の死を悼み様々な葬送の行事を行ったことを書紀は伝えている。

持統元年・2年と、書紀は誄《しのびごと》発哭《みねたてまつり》の数々を悉くに書き連ねている。元年8月には、主だった僧侶300人を飛鳥寺に集め、亡き天皇の着た服を以て作らせた袈裟を賜っている。書紀の編者はこれを「詞酸《ことばから》く割《いた》し。具《つぶさ》に陳《の》ぶべからず」と、持統天皇の故天皇を偲ぶ哀惜の情の深さを思い遣っている。2年11月崩御より2年余を経て、遺骸を大内陵に葬っている。日本書紀・続日本紀他を通じて、これほどの天皇崩御に係る葬送儀礼を述べることは他にない。持統天皇紀の編纂に当たっての故天皇への思いの深さを思い知るばかりである。

喪の開けた3年（689）正月18日に持統天皇として初めて吉野離宮に行幸している。以降11年（697）8月1日に草壁の遺児軽皇子（文武天皇）に位を譲るまでの在位期間中（8年半）に、都合30回吉野離宮に行幸している。飛鳥宮より吉野宮滝へは、飛鳥川を遡り女綱を経て高取城跡の東、芋峠を越え吉野川の上流に至る行程20㎞弱の道であった。夏は避暑地として最適ではあったが、冬には寒さ厳しく棲むには適さない。にも拘らず持統天皇は冬にも10回近く行幸している。深い山に囲まれた谷あいの僅かな平地には、季節によって川のせせらぎ、新緑の梢を渡る風、深緑、色とりどりの紅葉、雪と氷に閉ざされた静寂、それらの情景が亡き天武天皇との思い出とともに天皇の心を慰めたのであろう。

上皇としての日々

位を譲ってからの持統太政天皇（上皇）は孫の文武天皇の政治に表向き口を挟むことはなかった。

大宝元年（701）正月1日文武天皇は大極殿に出御して官人たちの朝賀を受けた。その正門には烏形《うけい》の幢《どう》を立てて、さらに左には日像《にちぞう》・青竜（竜は東を守る）・朱雀（朱雀は南を守る）を描いた幡《はた》を、右には月像《げつぞう》・玄武（亀に蛇の巻き付く印は北を守る）・白虎（虎は西を守る）の幡を立て、蕃夷の国（新羅・蝦夷・南嶋）の使者が左右に分かれて並んだ。「文物の儀ここに備われり」と続紀は記す。あたかも隋や唐の統一王朝の新年の朝儀を見るようで、この時期には大宝律令も施行の準備も整い白鳳の時代の頂上を迎え当時の朝廷の精一杯の姿を見る思いがする。同年8月には続紀は大宝律令の完成を伝えている。

大宝2年（702）10月10日上皇は三河・尾張・美濃・伊勢・伊賀の5ヶ国巡行の旅に出た。

図24　「檜隈大内陵」として天武・持統天皇陵に治定されている野口王墓
（奈良県高市郡明日香村）

それらの国はかの壬申の乱の思い出の処々であり、夫天武と自分を助けてくれた多くの人々の姿を追憶する旅でもあった。行幸が尾張国に達すれば30年前の役の功臣の子孫尾張連若子《わくご》麻呂と牛麻呂に宿禰の姓を授け、美濃国に至れば不破郡の大領宮《みやのすぐり》勝木実《このみ》に外従五位下を授けたりした旅であった。11月25日上皇は行幸より還御した。

それから幾ばくもない12月13日続紀は持統上皇の病が重いことを伝える。

12月22日上皇は崩御した。齢57歳の一生であった。

「素服（麻の白い無地の喪服）を着たり、挙哀《こあい》（死者を悼んで泣き叫ぶ儀礼）をすることのないように。内外の文官・武官は平常の通り任務を行え。葬儀の儀礼は努めて倹約にせよ」と遺詔があった。

翌大宝3年12月17日一年の忌明けに際して大倭《おおやまと》根子《ねこ》天之《あめの》広野《ひろの》日女尊《ひめのみこと》の謚《おくりな》が奉られ、その日遺骸は火葬にされた。12月26日上皇は夫天武の陵檜隅大内陵《ひのくまのおおちのみささぎ》（図24）に合葬された。大内陵は古墳晩期の王墓の典型である八角方墳で当初は天武天皇御一人を葬るための陵であったであろう。持統天皇の合葬は本人の遺詔によるものと考えられる。ために上皇の遺骸は火葬に付されたものと考えられる。

巨大地震

天武天皇紀に巨大地震の記事が見え、どうしてもこれを無視するを得ず、最後に取り上げたい。

天武13年（684）10月14日条「人定《いのとき》（午後8時頃か）に至りて大きに地震《ないふ》る国挙《こぞ》りて男女叫び唱《よば》ひて不知東西《まど》ひぬ。即ち山崩れ河涌く。諸国の郡の官舎及び百姓の倉屋《くら》寺塔《てら》神社《やしろ》破《や》壊《ぶ》れし類勝《たぐいあげ》て数ふべからず。是に由りて人民及び六畜《むくさのけもの》多《さわ》に死傷《そこな》はる。時に伊予温泉没《うも》れて出でず。土佐国の田はたけ五十余万頃《いそよろずしろあまり》没《うも》れて海と為る。古老の曰く『是《かく》の如く地動《ないふ》ること未だ昔より有らず』といふ。是の夕べに鳴る音有りて鼓の如くありて東方に聞《きこ》ゆ。人有りて曰く『伊豆嶋（伊豆大島か）の西北二面自然に増益せること三百余丈。更《また》一つの嶋と為れり。即ち鼓の音の如くあるは神の是の嶋を造る響なり』という。

さらに同年11月3日条土佐国司言《もう》さく「大潮高く騰《あが》りて海水飄蕩《うなつみただよ》ふ。是に由りて調運《みつき》ぶ船多《さわ》に放れ失せぬ」とまうす。

この記事によって巨大地震があったことを知る。最初の記事では伊豆地方で津波と共に島が出現し、土佐国でも津波が発生し、伊予の道後温泉の湯が涸れ、畿内でも激しい揺れに山・崖の崩れや夥しい建物の倒壊があったことが知られる。

11月3日条土佐国司の津波による被害の報告は同じ地震についての重出記事と思われるが、伊豆から土佐に至る被害地域の広域さに注目すると、これが東南海地震に連動して南海地震が相次いで起こったものと考えてよいのではないかと考えられる。

天武10年3月紀に川嶋皇子以下12名に命じて修史事業を開始したことが知られるので、この地震の記事は記された確実な史料として初めてのものであった。

巨大地震はある周期を以て必ず繰り返すことを歴史は教えている。社会資本の蓄積が巨大である現代ではその被害は甚大なものになることを我々は東日本大震災によって学んでいる。人的被害はもちろんのこと電気・ガス・水道・通信・交通の社会的インフラの被る被害とその影響の甚大さに改めて思いを致すべきだろう。

おわりに

7世紀後半の時代に焦点を合わせて、神祇と政《まつりごと》、大陸と半島との交流、技術革新と、この時代の構造の透視画を描こうという、大それた企図を掲げて記述を始めたが、とても書ききれるものではなく、文字通り大それたことであった。私自身は一介の古代史好きに過ぎず、文献を丁寧に追う文献史学者でも、遺跡の発掘現場に立ち会い遺物を分析する考古学者でもない。結局のところ自分自身の興味に任せて自分の取ったノートを纏めてみたに過ぎない。

しかし専門分野などというものを持たない私が、歴史の過程を分類し、発展の道筋と捉える理論的な見方、考古学的な知見、時代時代の宗教と人間との関わり方、教義と仏教美術の在り方など、興味の赴くままに記述したものは、これは私にしか書けないものであったことも間違いない。読者諸氏のインタレストについて何かしら得るところがあったとすれば果報なことである。

ともあれ天武・持統両天皇の構築した「神祇と政」を基本とした律令国家の姿を、多少の塵や夾雑物《きょうざつぶつ》を取り除きその構造を垣間見ることができたとすれば、目的の一端を果たしたことになろうかとも思っている。

天照皇大神より始まる万世一系の天皇系譜は、たとえそれが史実に違うところがあったにしても、それが正史『日本書紀』の伝えるところであり、その伝承と歴史の継受は戦後平等と基本的人権の尊重をかちえた現代であっても、さらに未来にわたっても尊重されねばならないものであろう。

手塚治虫の『火の鳥　未来編』を私はよく想起する。「遠い未来に地球環境の変化と汚染によって人類はたった五つのメガロポリス（地下都市）の中でしか生きられなくなり、その中ではマザーと呼ばれるコンピュータによって国の判断も個人の生き方も管理されている。やがてメガロポリスのコンピュータ同士の争いによって人類は滅亡する」といった内容であったように記憶する。

現実の世界では２０２２年２月にウクライナにロシアが侵攻し戦争が勃発しており、その成り行きは予断を許さない。

ＡＩやビッグデータの処理だとか量子コンピュータの開発であるとか、極超音速ミサイルの開発であるとかドローンの軍事利用であるとか、止めようのない軍備の開発競争が進行している。核兵器の廃絶の問題も一歩も前には進んでいない。

既に将棋も囲碁もＡＩの知能は人を凌駕して久しい。錯綜する情報の中で人間が自らの生きる判断を機械に委ねるようになってしまったならば、人が自ら苦悶の中より真理を追究し美を創造する努力を忘れてしまったならば、自らの意思精神が己の肉体の主《あるじ》であることを止めてしまったならば、我々の未来は正に『火の鳥　未来編』の描く未来と同じものになってしまうのではないだろうか。

もちろん、現代と１３００年以上昔の天武・持統朝の時代とを比較すれば、情報通信や物流や医学その他の科学技術の進歩から見て比較するのも意味がないほどに違っているに決まっているが、当時の為政者（天皇と朝廷の議政官そのブレイン）は「これこれはこうあるべきだ」「この問題はこのように処置しよう」という意思のもとに施策を実行し在るべき姿を実現していたように私には思える。この点で現代社会はあらゆる問題が複雑に絡み合い多岐にわたる情報網の中で一つの意思決定、情報の発信が経済活動や他国の思わぬ反応を引き起こす、したがって誰も何も意のままに動かすことができなくなってしまっているのではなかろうか。

話し言葉しか持たなかった古代人が漢字漢文を素材とする文字を獲得したことは、今日我々が想像する以上に重大なことであった。また、その変化は徐々にではあったが確実なものであった。仏教・儒教・道教などの中国の思想は当然に漢字の衣装をまとって日本に渡って来た。例えば仏教の教義の中に「十二縁起」と呼ばれるものがある。人生の生老病死の苦の循環を表すもので、無明より始まり、行、識、名色、六処、触、受、愛、取、有、生、老死と続く。それは我々の生きる世界が因果と輪廻の現象世界であることを教えているが、古代にあっても出家者はこれを学び理解したに相違ない。それは漢字一文字一文字の抽象概念を理解することであり、その抽象概念の中で思索することであった。これは話し言葉しか持たなかった時代から見れば雲泥の差であった。

7世紀の古代人は漢字一つ一つの抽象概念を顕《あきら》かに捉え、言葉の中に共通の意味を見出せば文字に訓を振り、こうして文字に書かれた「日本語」を獲得していった。彼らの思弁する能力は我々現代人と比較しても何ら劣るところがない。

そして天武・持統天皇の時代に規定されたところの神道祭祀の有り様、あるいは唯識や華厳法華の仏教の根本的な思想も現代に通底しているように思われる。

仏教にいう善の行い、真理の探究、美の創造（美術芸能音楽）は、我々の自我と他者との垣根を容易に取り払うことができる。それは自身の為した功徳を他者全体に捧げたいという願いの表れである。現代に生きる我々は、各々の我の執着を超えて、全ての人々と協働して少しでもましな未来を切り開いていくより他に生きる術はないのではなかろうか。

我々の頭上の脅威を少しでも取り除いて、この美しく青い惑星「地球」、薄い大気の層に包まれたはかなげな星「地球」を次の世代に伝えて行く、これが先祖より古代・中世・近世・近代を経て現代に引き継ぎを受けた我々の使命であるように思う。

この著作を49年前の恩師竹安繁治先生、そして同じゼミ生であった仲良しの故三輪直樹君に謹んで捧げたい。

《参考文献》

坂本太郎ほか校注『日本書紀』2〜5、岩波文庫、1994〜1995年
宇治谷孟訳『続日本紀』上・中、講談社学術文庫、1992年
亀井孝・大藤時彦ほか編『日本語の歴史』2・3、平凡社ライブラリー、2007年
江上波夫『江上波夫の日本古代史』大巧社、1992年
江上波夫『騎馬民族国家』中公新書、1967年
竹内理三『竹内理三著作集1　奈良朝時代に於ける寺院経済の研究』角川書店、1998年
竹内理三『竹内理三著作集2　日本上代寺院経済史の研究』角川書店、1999年
竹内理三『竹内理三著作集3　寺領荘園の研究』角川書店、1999年
田中史生『倭国と渡来人』吉川弘文館、2005年
早川庄八「古代天皇制と太政官政治」、『講座日本歴史2』東京大学出版会、1984年
薗田香融「古代の知識人」『岩波講座日本通史　巻5古代4』岩波書店、1994年
和田萃「渡来人と日本文化」『岩波講座日本通史　巻3古代2』岩波書店、1993年
広瀬和雄「考古学から見た古代の村落」『岩波講座日本通史　巻3　古代2』岩波書店、1993年
榎本淳一「遣唐使の役割と変質」『岩波講座日本歴史　第3巻　古代3』岩波書店、2014年
吉永匡史「古代国家の軍事組織とその変質」『岩波講座日本歴史　第4巻　古代4』岩波書店、2015年
三谷芳幸「古代の土地制度」『岩波講座日本歴史　第4巻　古代4』岩波書店、2015年

大和岩雄「鹿島神宮」「香取神宮」『日本の神々11　関東』白水社、2000年
大和岩雄「大神神社」「神坐日向神社」『日本の神々4　大和』白水社、2000年
大森宏「矢代加茂神社」『日本の神々8　北陸』白水社、2000年
村上恭通編『モノと技術の古代史　金属編』吉川弘文館、2017年
小林正史編『モノと技術の古代史　陶芸編』吉川弘文館、2017年
田中晋作『古市古墳群の解明へ　盾塚・鞍塚・珠金塚古墳』新泉社「遺跡を学ぶ」105、2016年
中村浩『泉北丘陵に広がる須恵器窯 陶邑遺跡群』新泉社「遺跡を学ぶ」28、2006年
箱崎和久『奇偉荘厳の白鳳寺院　山田寺』新泉社「遺跡を学ぶ」85、2012年
弓道紀知『古代祭祀とシルクロードの終着地　沖ノ島』新泉社「遺跡を学ぶ」13、2005年
柳沢一男『描かれた黄泉の世界　王塚古墳』新泉社「遺跡を学ぶ」10、2004年
甲斐孝司・岩橋由季『豪華な馬具と朝鮮半島との交流　船原古墳』新泉社「遺跡を学ぶ」141、2019年
石井清司『平城京を飾った瓦　奈良山瓦窯群』新泉社「遺跡を学ぶ」112、2016年
古瀬清秀『日本古代における鉄鍛冶技術の研究』広島大学、1999年
野島稔『王権を支えた馬　奈良井遺跡発掘調査報告書』四条畷市教育委員会、2012年
網野善彦・森浩一『馬・船・常民　東西交流の日本列島』河合出版、1992年
東京国立博物館『法隆寺献納宝物目録』1979年
東京国立博物館『特別展法隆寺献納宝物』1996年
上原昭一編『日本の美術21　飛鳥・白鳳彫刻』至文堂、1968年

松永悦枝ほか『飛鳥・藤原宮跡等の調査概要』奈良文化財研究所紀要、2020年
奈良文化財研究所飛鳥資料館『飛鳥の考古学2020』飛鳥資料館カタログ37、2020年
奈良文化財研究所飛鳥資料館『山田寺』飛鳥資料館パンフレット
奈良文化財研究所監修『平城京のゴミ図鑑』河出書房新社、2016年
竹村牧男『唯識・華厳・空海・西田　東洋哲学の精華を読み解く』青土社、2021年
鈴木大拙著、佐々木閑訳『大乗仏教概論』岩波文庫、2016年
多川俊英『唯識とはなにか』角川ソフィア文庫、2015年
義江彰夫『神仏習合』岩波新書、1996年

■著者略歴

高樋しんご（たかとい・しんご）

1953年2月21日岐阜県中津川市生まれ。1975年、滋賀大学経済学部卒業。同年トヨタ自動車工業㈱入社、1978年退社。家業（㈲たかとい）に従事。

天武《てんむ》・持統《じとう》天皇の時代

2023年1月31日　第1刷発行

著・発行　高樋しんご
〒508-0033 岐阜県中津川市太田町2-3-9
TEL 090-3557-6136

発　売　サンライズ出版株式会社
〒522-0004 滋賀県彦根市鳥居本町655-1
TEL 0749-22-0627　FAX 0749-23-7720

印刷・製本　サンライズ出版

ISBN978-4-88325-785-0 Printed in Japan 定価はカバーに表示しています。

乱丁・落丁本はお取り替えいたします。